大川隆法
Ryuho Okawa

イラク戦争は正しかったか

サダム・フセインの死後を霊査する

まえがき

私たちはいま、地球レベルでの正義とは何かを考え続けている。国同士の競争や、宗教間の対立の歴史のある中で、「いま、どう考えるのが正しいのか」は重要だろう。特にイスラム圏は、日本人にとって、原油や天然ガス資源以外には関心がないことも多い。そもそも、議論する基礎としての教養が欠けているのが普通だ。

先日のアルジェリアの人質テロ事件で十名の日本人が亡くなってから、『イスラム過激派に正義はあるのか』（幸福の科学出版刊）で、オサマ・ビン・ラディンが地獄に堕《お》ちているところまで追跡した。このビン・ラディンをアメリカの特殊部隊が急襲した事件に関しては、世界的に『ゼロ・ダーク・サーティ』という映画が評判になっている。今回、アメリカ大統領選でも論戦になった「9・11事件」が、オサマ・ビン・ラディンの最終責任としてよいのか、それともイラク戦争の対象となったサダム・フセイン元イラク大統領にも責任があるのかの結論を出してみた。

ある意味、本書の出版は、世界史的事件でもあるのだ。

二〇一三年　二月二十二日

幸福《こうふく》の科学《かがく》グループ創始者兼総裁《そうししゃけんそうさい》　大川隆法《おおかわりゅうほう》

イラク戦争は正しかったか　目次

イラク戦争は正しかったか
――サダム・フセインの死後を霊査《れいさ》する――

二〇一三年二月四日　収録
東京都・幸福の科学　教祖殿《きょうそでん》　大悟館《たいごかん》にて

2

3

「霊言現象《れいげんげんしょう》」とは、あの世の霊存在の言葉を語り下ろす現象のことをいう。これは高度な悟《さと》りを開いた者に特有のものであり、「霊媒現象《れいばいげんしょう》」（トランス状態になって意識を失い、霊が一方的にしゃべる現象）とは異なる。外国人霊の霊言の場合には、霊言現象を行う者の言語中枢《ちゅうすう》から、必要な言葉を選び出し、日本語で語ることも可能である。

なお、「霊言」は、あくまでも霊人の意見であり、幸福の科学グループとしての見解と矛盾《むじゅん》する内容を含《ふく》む場合がある点、付記しておきたい。

イラク戦争は正しかったか

――サダム・フセインの死後を霊査《れいさ》する――

二〇一三年二月四日　収録

東京都・幸福の科学　教祖殿《きょうそでん》　大悟館《たいごかん》にて

サダム・フセイン（一九三七～二〇〇六）

イラク共和国の政治家で元大統領。イラク北部のティクリート近郊《きんこう》のアル・アウジャ村で農民の子として生まれる。一九五七年、汎《はん》アラブ主義の政党であるバース党に入党、一九六八年の軍事クーデターでは主要な役割を果たした。一九七九年に大統領に就任、翌一九八〇年から一九八八年までイラン・イラク戦争を遂行《すいこう》し、辛勝《しんしょう》したが、一九九〇年のクウェート侵攻《しんこう》によって湾岸《わんがん》戦争を招き、多国籍《たこくせき》軍に敗れた。その後《ご》も政権を維持《いじ》したものの、二〇〇三年に起きたイラク戦争では、ティクリート郊外のダウルで、隠《かく》れ家《が》の庭の地下に潜《ひそ》んでいるところを米軍に捕《と》らえられ、二〇〇六年、「人道に対する罪」で処刑《しょけい》された。

質問者　※質問順

酒井太守《さかいたいしゅ》（幸福の科学宗務《しゅうむ》本部担当理事長特別補佐）

石川雅士《いしかわまさし》（幸福の科学宗務本部第一秘書局局長代理）

［役職は収録時点のもの］

1 「地球的正義」にかかわる判定に挑《いど》む

イスラム教は悪魔《あくま》の教えではないが、テロ組織は肯定《こうてい》できない

大川隆法　昨日《さくじつ》（二〇一三年二月三日）、産経新聞の第二面の下側に、全5段の大きさで、『イスラム過激派に正義はあるのか――オサマ・ビン・ラディンの霊言《れいげん》に挑《いど》む――』（幸福の科学出版刊）という、私の新刊著書の広告が載《の》っていましたが、第二面に載ると、まるでスクープ記事であるかのようでした。同様の内容の広告は、その半分のサイズ（半5段）ではありますが、数日前の読売新聞にも載っていました。

また、昨日の毎日新聞は、イスラム武装グループによる最近のテロ（アルジェリア人質《ひとじち》事件）も絡《から》んでのことでしょうが、「イスラムのテロについて、どのように考えるか」というような記事を載せていました。

昨日は日曜日であり、読者にとっては、「ゆっくりと新聞を読める」という面もあるため、「考える材料」として載せたのだと思います。ただ、新聞社の意見を書いてはおらず、言論人三人の意見と、NHKで「週刊こどもニュース」という番組の父親役をしていた人（池上彰《いけがみあきら》氏）の解説が載っていました。

「個人の意見」というかたちで載っていたので、それを読み解くのは難しいのですが、結局、『イスラム過激派に正義はあるのか』で追究したテーマの一部分が、扱《あつか》われていたように思うのです。

今回の事件では日本人の死者も出ているため、それを行った過激派、イスラムのテログループの行為《こうい》を肯定《こうてい》することはできず、そういうことは書いてありません。

ただ、今回の事件が起きたアルジェリアや隣国《りんこく》のマリは、以前、フランスの植民地でした。独立運動が長く続き、やっと独立したのに、現在、旧宗主国《そうしゅこく》のフランスがマリに軍事介入《かいにゅう》を行っています。

こういうときに、イスラムによるテロ事件が続いているので、その毎日新聞の記事では、「これには、欧米《おうべい》の植民地支配に対する、独立運動的な側面もあるのではないか」というような見方がなされていました。

これは「出て当然」の議論です。私は、「こういう議論が出るのではないか」と思って、わざわざ、『イスラム過激派に正義はあるのか』という本を著《あらわ》したわけです。

そして、同書で、われわれは、「テロを行う過激派には神の正義はないのではないか。イスラム教自体を、『悪の教え』や『悪魔《あくま》の教え』と言うつもりはないし、イスラム教には正しさもあるとは思うが、テロを行う組織までは肯定できないのではないか」という結論に行き着いたのです。

昨日の毎日新聞に載っていたような意見は、朝日新聞も、従来であれば、必ず載せていたでしょう。朝日新聞は、欧米の軍事的支配や植民地支配に対する、抵抗《ていこう》運動や独立運動について、「是《ぜ》」とするような意見を、いつもなら書いてくるのですが、今回は、日本人の死者が十人も出ているため、沈黙《ちんもく》しているようです。ほとんど言論らしい言論が出ておらず、外国の意見を少し紹介《しょうかい》する程度にとどまっています。

参院選に向けて、持論を引っ込《こ》めている安倍《あべ》総理

大川隆法　アルジェリア政府の今回の行動について、外国では、どう捉《とら》えられているかというと、フランスは、「やや過激だったが、全面的に支持する」という立場ですし、イギリスも、「事前の相談が十分になかったことには少し不満を感じるが、行動自体は支持する」という立場です。

アメリカも、退任前のヒラリー・クリントン国務長官が、「人質が大勢死んだけれども、政府軍が殺したわけではない。その死に対して責任があるのは過激派のテログループであり、結果に対してはテログループが責任を負うべきだ」というようなことを述べ、倫理《りんり》の線を、はっきりと引いていたのです。

一方、日本の安倍《あべ》総理の姿勢は極《きわ》めて不明瞭《ふめいりょう》でした。

この人質事件が起きたとき、彼は東南アジアを歴訪中でしたが、タイにいるとき、「人質の人命を第一に考え、攻撃《こうげき》を中止してほしい」とアルジェリア政府に依頼《いらい》したのを見て、私は、「軍事知識が足りなすぎる」と彼を批判しました。

その後、彼は、あまり多くを語ってはいません。「テロに対しては、断固たる態度を取る」という程度の発言はしていますが、それ以上は踏《ふ》み込《こ》んでいないのです。それ以上、踏み込むと、「自衛隊は、どうするのですか」という質問に答えなければならないので、踏み込めないのでしょう。

彼は、「自衛隊を送り込んででも、テロ組織と戦うのですか。人質救出のためには、自衛隊を海外に出すのですか」と訊《き》かれると困るわけです。この論点を国会で議論したくないのです。これは、どうしても参院選の前には議論したくないテーマなので、封印《ふういん》し、曖昧《あいまい》な態度を取っています。

また、「TPP（環《かん》太平洋戦略的経済連携《れんけい》協定）」への参加についても、自民党内には反対者が多く、安倍総理はアメリカの要求に応《こた》えることができずにいます（現時点では駆《か》け引きがある）。

さらには、彼に対して、「対中国のために、インドに行って親交を深めてほしい」という声も強いのですが、彼は、前回の総理大臣在任中、インド訪問のあと、おなかの病気で倒《たお》れたので、インドの〝菌《きん》〟を非常に怖《こわ》がっているのでしょうか、行けずにいます。そのため、アメリカ訪問に当たり、〝手土産《てみやげ》〟があまりなく、結論のない外交になっています。

それから、彼は沖縄《おきなわ》に行って県知事と会いましたが、アメリカ軍の普天間《ふてんま》基地移転問題については、結局、議論は平行線のままで終わり、辺野古《へのこ》移転の約束を取れませんでした。沖縄振興《しんこう》予算を三千億円ほどに増額することで感謝されたものの、オスプレイの配備撤回《てっかい》を求められて帰ってきたので、民主党政権のときと変わりません。

要するに、「軍事的なことや外交的なことで、あまり強硬《きょうこう》な発言をして、事を荒立《あらだ》てると、次の参院選で不利になる」と考えていると思われます。

彼は、「竹島《たけしま》の日」（二月二十二日）に関して、式典には参加しないことにしていますが、その三日後に韓国《かんこく》大統領の就任式があるため、それに招待された場合のことを考えて、参加しないことにしたのだと思います。「韓国を刺激《しげき》したくない」と考えたのでしょうが、結局、韓国大統領の就任式には呼ばれませんでした。

このように、安倍総理は、参院選に向けて、非常に〝安全運転〟を行っており、ほとんど持論を引っ込めている状態が続いていると思います。そのため、沖縄問題については及《およ》び腰《ごし》です。

その一方で、中国の攻勢が目立ってきています。

中国は、最近、「『温家宝《おんかほう》首相の蓄財疑惑《ちくざいぎわく》を報道した』という理由で、ニューヨーク・タイムズにもサイバー攻撃をかけた」と騒《さわ》がれています。

今日の朝日新聞は、「今年の一月に、中国の軍部が、尖閣《せんかく》諸島を中心とした東シナ海の安全を考え、全軍に対し、『戦争の準備に入れ』という指示を出した」ということを、かなり詳《くわ》しく取り上げています。

もしかしたら、朝日新聞も、今年になって主筆（若宮啓文《わかみやよしぶみ》氏）が退《しりぞ》いたのと軌《き》を一《いつ》にして、少し変わりつつあるのかもしれません。

また、北朝鮮《きたちょうせん》の三回目の核《かく》実験は、現時点で、まだ起きていませんが、「近い」と言われています。それに成功すれば、北朝鮮が、アメリカをも狙《ねら》える長距離弾道《ちょうきょりだんどう》ミサイルを持つ可能性が出てきます（注。その後、二月十二日、北朝鮮は三回目の核実験を強行した。これで名実ともに核保有国の仲間入りをしたと思われる）。

日本は、中国に対しては、向こうの強硬な姿勢等もあって、公明党の山口代表を送って懐柔《かいじゅう》したり、旧・社会党の村山元首相などを送って機嫌《きげん》を取ったりと、あの手この手で対応しているようです。

しかし、アメリカとの外交においては、緊密《きんみつ》な連携を結ぶための〝手土産〟に当たるものがほとんどなく、「アメリカ側の立場に立つ」という明確な意見が出せないでいる状態かと思います。

大きく見て、日本の今の外交は、そういう地点にあると言えます。

イラクをめぐる世界情勢を振《ふ》り返る

大川隆法　先日のアルジェリアのテロでは人質が数多く死にました。また、テログループは民間企業《きぎょう》のプラントで働く人たちを人質に取ったわけですが、このプラントは、アルジェリアの経済を支える上で非常に大事なものであり、輸出における、かなり大きな〝武器〟の一つでした。

したがって、基本的に、今回のテロに賛成する国は少ないと思われます。これについては、『イスラム過激派に正義はあるのか』などによって、幸福の科学の主張が、今、かなり水面下にまで浸透《しんとう》が進んでいると思います。

ただ、これのもう一つ源流にあるものの調査が終わっていません。それはサダム・フセインのところです。

オサマ・ビン・ラディンたちがテロを起こし、ニューヨークのワールドトレードセンタービル等を破壊《はかい》して、約三千人もの人を死なせました。「このテロの首謀者《しゅぼうしゃ》はオサマ・ビン・ラディンだ」として、アメリカは彼を指名手配にし、ずっと追いかけていたのですが、二〇一一年の五月、彼が潜《ひそ》んでいる所を見つけ、アメリカの特殊《とくしゅ》部隊が急襲《きゅうしゅう》して、彼を殺害しました。これがオバマ大統領の手柄《てがら》になったのです。

先のアメリカ大統領選における、オバマ対ロムニーの舌戦《ぜっせん》でも、このテロ事件は大きな論点の一つになったと思います。

オバマ大統領は、共和党に対する攻撃材料の一つとして、次の点を挙げました。共和党のブッシュ二世（ジュニア）が大統領の時代に、アメリカはイラク戦争を始めました。「このイスラムテロにおいて、裏で糸を引いているのはイラクのサダム・フセインである。また、イラクは大量破壊兵器を隠《かく》し持っている」と考えて、湾岸《わんがん》戦争（一九九〇年〜一九九一年）以来、約十年ぶりに、イラクに対して攻撃に入ったのです。

そのブッシュ二世の前には、八年間、ビル・クリントン大統領の民主党政権の時代がありましたが、その前はブッシュ（シニア）が大統領の時代です。彼は、レーガン政権で副大統領でしたが、そのあと、四年間、大統領を務めました。その任期中に湾岸戦争が起きたのです。

一九九〇年の八月、イラク軍が、突如《とつじょ》、隣国のクウェートに侵攻《しんこう》しました。そして、クウェートを占領《せんりょう》し、併合《へいごう》してしまったのです。そのため、国際世論《せろん》が沸騰《ふっとう》しました。

サダム・フセインは、「クウェートは、王族が支配している、不公正な国で、一部の人が富を独占している。その富は、ほとんど原油から来たものであるが、クウェートは国際的な割り当て基準をはるかに超《こ》えて原油を売っている。しかも、クウェートの油田は地下でイラクの油田とつながっているので、クウェートはイラクの原油を盗《ぬす》んでいるのだ」ということを大義名分にして、クウェート併合に入ったのです。

イラクは、クウェート侵攻の前に、アメリカ大使館に打診《だしん》をしたらしいのですが、その大使が非常に曖昧な言い方をしたため、サダム・フセインは、「イラクがクウェートに侵攻しても、アメリカは介入しない」と受け取ったようです。

その背景には、イランをめぐる、アメリカとイラクの関係がありました。

今、イランは、「核施設《しせつ》をつくり、核ミサイルの開発準備に入っているのだろう」と思われています。アメリカは、「それが完成したら、イランがイスラエルを攻撃するのは確実だ」と見ていますし、イスラエルも、「八割がた完成したら、それを攻撃する」と言っています。

そのため、イラン対アメリカの緊張状態が続いているわけですが、両国の緊張状態は以前にもありました。ジミー・カーター大統領の時代に、「イランのアメリカ大使館で、職員など数十人のアメリカ人が、四百数十日間にわたって人質にされる」という事件があったのです（一九七九年～一九八一年）。

このとき、カーター大統領は軍事的な救出作戦に失敗しており、それが、結局、彼が次の大統領選で敗北する要因にもなりました。

そして、アメリカは、その事件以降、イランを牽制《けんせい》するため、イラクに対して支援《しえん》を開始したのです。サダム・フセイン大統領の時代の初期には、イラクに経済援助や軍事援助をかなり行いました。アメリカは、イラクを強国にすることによってイランを牽制し、この両国を「二虎競食《にこきょうしょく》の計《けい》」のようなかたちで競《きそ》わせ、実際上、アメリカがイランと戦争をしなくてもいいようにしようとしたのです。

ところが、その結果、イラクが強国化してアラブの軍事大国になり、自信を持ってしまい、クウェートを併合までしてしまったわけです。

湾岸《わんがん》戦争後、テロが頻発《ひんぱつ》し、やがて同時多発テロ事件が起きた

大川隆法　イラクのクウェート併合に対して、「他国への侵略を許すわけにはいかない」という理由で、アメリカにイギリスなども加わって、「多国籍《たこくせき》軍」が編成されました。そして、多国籍軍側は、「暑くなる前に戦争を終わらせなくてはいけない」と考えたため、イラク軍への一斉《いっせい》攻撃が一九九一年一月中旬《ちゅうじゅん》に始まり、二月末《まつ》には終わりました。六週間ほどで終わったのです。

当時、長谷川慶太郎《はせがわけいたろう》氏は、この戦争を「短期で終わる」と予言していましたが、私も、「一カ月ぐらいで終わる」と予想を立てていました。そのくらい、イラク軍とアメリカ軍には、戦力の差、軍事的な能力の差があったのです。

軍隊の人数だけを見ると、イラク軍には数十万人も兵員がいたため、「アメリカ軍は、数万人程度で戦って勝てるのか」という議論はあったのですが、アメリカ側は、ほとんど空爆《くうばく》のみによる戦いを行い、六週間ほどで、ほぼ終わりました。

ただ、そのあとの処理については、第二次大戦後の日本の場合と同じような議論が

ありました。

第二次大戦後のアメリカには、日本に対して、「天皇を残すか、残さないか」という議論があったのですが、「天皇を死刑《しけい》にしてしまうと、日本の国内情勢が泥沼《どろぬま》化し、〝侍《さむらい》〟たちが刀を持ってアメリカ軍に斬《き》り込んでくるようなテロが、長く続くのではないか」ということを恐《おそ》れ、「かたちとしての天皇制を残そう。天皇は象徴《しょうちょう》として残すべきだ」とマッカーサーが判断して、天皇制の存続が認められたのです。

その結果、日本とアメリカとの関係は非常によくなり、戦後、両国の友好関係が続きました。

その成功例に基《もと》づき、アメリカは、イラクに対しても、日本と同じようにしようとしました。戦争には勝ちましたが、サダム・フセインの処刑は行わず、サダム・フセイン政府を傀儡《かいらい》政権のようなかたちで残すことにしたのです。

ところが、その後、イラクは日本のようにはなりませんでした。それは、イスラムには「ジハード（聖戦《せいせん》）」の考え方があるからです。

イラクが湾岸《わんがん》戦争を戦っているときにも、「アメリカやイギリス、フランスを敵に回し、単独で戦ったイラクは偉《えら》い。イラクが負けるのは当然だが、欧米諸国と戦っただけでも偉い」という声がアラブ諸国からも出てきており、水面下でサダム・フセインを英雄《えいゆう》扱いする声もかなりありました。

湾岸戦争の直後には、父ブッシュ大統領の支持率は九十パーセント近くもあり、米軍がニューヨークの五番街で戦勝パレードを行《おこな》ったときには、上から、花びらならぬ、切った紙テープの紙吹雪《ふぶき》が舞《ま》い、「あとで掃除《そうじ》が大変だった」というぐらいの大人気でした。

しかし、勝つのが少し早すぎたため、次の大統領選挙のころには、湾岸戦争のことは国民から忘れられていました。もう少し戦争を長引かせておけば選挙で勝てたのかもしれませんが、あっさり終わってしまったため、一九九二年十一月の大統領選挙でブッシュはクリントンに負けてしまったのです。

ただ、その後、あちこちでイスラムテロが頻発《ひんぱつ》するようになりました。

一方、サダム・フセイン大統領は一九九五年の国民投票で信認されたのですが、このときには、ほぼ百パーセントに近い支持率でした。その国民投票に対して、欧米系からは、「秘密警察が見張っていたので、民主主義的なものではなかった」というケチは当然つきましたが、サダム・フセインは大統領を続けることとなったのです。

ワールドトレードセンターは、二〇〇一年の同時多発テロで崩壊《ほうかい》する前にも、一回、駐車場《ちゅうしゃじょう》の車に爆発物を仕掛《しか》けられる爆弾テロがあり（一九九三年）、大きなビルなので、修復には、すごく時間がかかりました。

それが修復されたあとの一九九七年、私はアメリカに行き、ワールドトレードセンターも訪れたのですが、いちおう元どおりにはなっていました。「私は、以前、ここで働いていたのだ」ということを確認しに行ったのですが、そのわずか四年ぐらいあとに、その建物はなくなってしまったのです。さすがに衝撃《しょうげき》の結末ではありました。

クリントン大統領の時代にもテロはありましたが、八年間続いたクリントン政権のあと、ブッシュ（ジュニア）が大統領に選ばれ、就任一年目の二〇〇一年九月十一日、ハイジャックされた旅客機《りょかっき》がワールドトレードセンターなどに突入しました。

ワールドトレードセンターの二棟《とう》には、それぞれ一機が突入しましたが、ビルの最上部から三分の一ぐらいのところに突入したため、最終的には二棟ともビル全体が崩壊しました。あらかじめ計算し、ビルが崩壊を起こす部分に旅客機を突《つ》っ込ませたようです。

また、ペンタゴン（アメリカ国防総省）にも突っ込まれました。

なお、乗客がテロリストたちと闘《たたか》ったため、途中《とちゅう》で墜落《ついらく》した旅客機もあったのですが、その旅客機はホワイトハウスに突っ込む予定だったようです。

この事件のあと、アメリカ人の〝体質〟は全体的に変わってしまい、彼らはテロ厳《げん》戒《かい》態勢になりました。そして、二代目ブッシュ大統領は、「テロとの戦いは、これから数十年続くだろう」というようなことを言っていたのです。

ブッシュ後の軍事的成果を強調し、再選を果たしたオバマ

大川隆法　そのブッシュ大統領は、二〇〇三年にはイラク戦争を行いましたが、その

大義名分は、「イラクは大量破壊兵器を隠し持っている。だから、これを見つけ出さなくてはいけない」というものでした。

しかし、とうとう大量破壊兵器を見つけることはできなかったのです。

ただ、サダム・フセイン政権は崩壊しました。要するに、父親ができなかったことを息子《むすこ》が行ったわけです。父親は、湾岸戦争の際、バグダッド制圧まではせず、その前で戦闘《せんとう》を止《と》めたのですが、息子のほうは、とうとう首都陥落《かんらく》までやってしまいました。

さらに、アメリカは、サダム・フセインがティクリート郊外《こうがい》で穴のなかに隠れているところを見つけ、穴から引っ張り出して〝軍事裁判〟を行い、処刑したのです。

「クウェート侵攻・併合」や、「イラクのクルド民族の居住地域に化学兵器を撃《う》ち込み、彼らを大量に殺した」ということなどによって、彼は処刑されましたが、これは、第二次大戦後における、日本のA級戦犯《せんぱん》の処刑とよく似たスタイルだったと思います。

そのため、「はたして、戦勝国は、負けた国の大統領を裁けるのか」という議論が、当然ながら起きました。

そのあと、〝ブッシュ王朝〟は続いたものの、二〇〇八年にオバマ氏が大統領に当選し、四年間、務めました。そして、共和党のロムニー氏との戦いに勝ち、再選を果たしたのですが、その選挙では、三回、大統領候補同士の直接討論がありました。

オバマ大統領は、今回の選挙では、〝すれすれ〟での勝利だったのですが、勝因の一つとして、軍事的な成果を強調したことが挙げられるでしょう。

ブッシュ前大統領は共和党の所属ですが、オバマ大統領は、「共和党政権は、ありもしない大量破壊兵器を『ある』と称《しょう》してイラクに攻《せ》め込み、イラクで数万人もの人を殺して、大統領まで処刑した。あれだけの大戦争を行い、イラクに駐留もしたが、アメリカ軍にも、そうとうの被害《ひがい》が出た」と言って、共和党を批判しました。

また、湾岸戦争のときにも、多くの人々に、「湾岸戦争症候群《しょうこうぐん》」といって、劣化《れっか》ウラン弾のウランの影響《えいきょう》で神経や脳に異常が生じました。そういう人がアメリカ軍にも大勢います。

このように、イラクとの戦いではアメリカ側にも大きな被害が生じているのですが、オバマ大統領は次のような点を強調したのです。

「アメリカの本当の敵はアフガンにいて、その指揮者はオサマ・ビン・ラディンだった。だから、これを潰《つぶ》すのが本当の戦いだったのだ。

私は、イラクから米軍を引き揚《あ》げ、アフガンからも米軍を引き揚げつつ、効率的に戦い、本当の敵であるオサマ・ビン・ラディンを倒した。テロの首謀者を倒したのは私である。

共和党は、戦う相手を間違《まちが》えて、『イラクを攻撃する』という大きなミスを犯《おか》したため、軍事費用がものすごくかさみ、巨額《きょがく》の財政赤字をつくってしまったが、私は、ミリタリー（軍事）予算を削減《さくげん》しつつ、テロとの戦いの大きな山場を越《こ》えた」

このような成果を、オバマ大統領は今回の選挙戦で大いに強調しましたが、それが国民に受け入れられ、わずか三百万票差ぐらいではあったものの、ロムニー氏に勝つことができたのです。

「サダム・フセインの過去世《かこぜ》」は日本人なのか

大川隆法　今回、アルジェリアで、欧米や日本などに対する人質テロが起きました。これについては、「オサマ・ビン・ラディンの跡継《あとつ》ぎを称し、〝息子〟とも称している、片目の男が率いて行《おこな》った」とも言われています。

先日（二〇一三年一月二十二日）、オサマ・ビン・ラディンを招霊《しょうれい》し、現在、彼が地獄《じごく》にいることや、今回のテロで死んだテロリストたちも、彼のいる所に行くらしいことまでは解明しました（前掲《ぜんけい》『イスラム過激派に正義はあるのか』参照）。ただ、もう一つ、そのもとであるサダム・フセインについての解明が、まだ残っています。

少なくとも、ブッシュ大統領親子は、二人とも、イラクと戦うに当たって、「イスラム教は悪魔の教えであり、イラクは悪魔の国だ」という判定をしていたでしょう。要するに、「キリスト教の超《ちょう》保守派のタカ派が、悪魔の国であるイラクを叩《たた》いた」という構図だったと思うのです。

私は、湾岸戦争のときには、ややサダム・フセインに同情的な意見を述べていました。なぜかというと、当時、「サダム・フセインの過去世《かこぜ》は日本人ではないか。火之《ほの》迦具土神《かぐつちのかみ》や足利尊氏《あしかがたかうじ》として生まれたのではないか」という霊査《れいさ》が出ていたからです。ただ、二十年ほど前の霊査なので、これが正しいかどうか、今日、検証されると思われます。

火之迦具土神は、伊邪那岐《いざなぎ》の妻の伊邪那美《いざなみ》が産んだ子供の一人です。彼は火の神であり、戦争の神でもあるのですが、そのため、「彼を産んだとき、伊邪那美は火傷《やけど》をした」とされています。昔の言葉で言うと、「蕃登《ほと》を火傷した」ということですが、『古事記』では、「伊邪那美は、女性の出産器官の火傷で死に、黄泉《よみ》の国に還《かえ》った」ということになっています。

これは、一般的《いっぱん》には、「産褥熱《さんじょくねつ》で死んだ」ということだと思われます。

そして、「この火の神が足利尊氏（室町《むろまち》幕府の初代将軍）として生まれたのではないか」という霊査も出ていました。

映画「ノストラダムス戦慄《せんりつ》の啓示《けいじ》」(製作総指揮・大川隆法。一九九四年公開)を実写でつくったときには、「火之迦具土神が、高天原《たかまがはら》で酒を飲んで酔《よ》っ払《ぱら》い、ヨタヨタしながら歩いてきて、『砂漠《さばく》の国から米国相手にひと暴《あば》れじゃ』と言っている場面」を入れ、「そう言って出てきたのがサダム・フセインではないか」と思わせていました。

一九九一年当時には、そういう、サダム・フセインに配慮《はいりょ》した言論を出したためか、朝日新聞も、当会を応援するような内容の記事を書いてくれたり、そのころ当会が闘っていた講談社を叩いてくれたりしましたし、妙《みょう》な言論人が、「大川隆法が、珍《めずら》しく、まともな正論を吐《は》いた。アラブのほうを味方するようなことを言った」と書いてくれたりしました。

ただ、ワールドトレードセンターが破壊されて以降、私は、サダム・フセインに対して、擁護《ようご》的な意見を、一切《いっさい》、述べていません。

あそこは、私が実際に働いたことのあるビルです。あのなかに、私が勤めていた会社のニューヨーク本社があり、懐《なつ》かしの場所だったので、あのビルが丸ごと二棟なくなったことは、私にとっても、そうとうの衝撃であり、さすがに彼の味方をする気がなくなり、沈黙をしていました。

その後、二〇〇三年にイラク戦争が起き、二〇〇六年にサダム・フセインに対する裁判が終わって、彼は処刑されたのです。

イラク戦争の「正義」は、どこにあるのか

大川隆法　直近の十年や二十年のことについては、意外に学校の日本史や世界史の授業では習わないので、「その期間に、中学生や小学生だったりした人たち、今の二十代ぐらいの若い人たちは、当時のことが、あまりよく分かっていないのではないか」と思い、少し長めに解説させていただきました。

ただ、こうしたことは、「世界史の流れ」と「国際政治の正邪《せいじゃ》」を判定する上では、非常に大事な伏線《ふくせん》になるので、これを言っておかないと駄目《だめ》なのです。

ブッシュ大統領（息子）がイラクに攻撃をかけたときには、「オサマ・ビン・ラディンたちのような過激派が動くに当たり、裏で活動資金や武器の供給源となっているの

はイラクである」と見ていました。それでサダム・フセインを叩きたかったわけです。したがって、今回の霊査では、「サダム・フセインは、霊界《れいかい》のどういう所にいるか。彼は、オサマ・ビン・ラディンたちと、つながっていたのか。本当に、彼らを支援し、アメリカを攻撃していたのか」ということを調べたいと思います。

湾岸戦争については、その前にイラクのクウェート侵略があったので、「多国籍軍のほうに正義があった」という判定をしても構わないと私は思います。

しかし、イラク戦争のときには、「大量破壊兵器を隠し持っている」「実はテロを支援している」という、CIAがつかんだ情報を理由に、アメリカはイラクを攻撃しましたが、その証拠《しょうこ》は何も挙がっていません。

これを、今回の大統領選で、共和党はオバマ大統領に攻撃材料として使われたのですが、このへんの真偽《しんぎ》も探《さぐ》ってみたいと思います。

正義は、どこにあるのか。

フセインは、死後、どこにいるのか。霊界からテロを支援しているのか。

イスラムの聖戦（ジハード）、すなわち、他国や邪教からの侵略などに対しての戦いは、本当に正義と言えるのか。

ジハードで戦った者は天国に還っているのか。

あるいは、ムハンマドの教えのなかにも、一部、濁流《だくりゅう》のように、間違った教えが流れているのか。

このへんについては、全部、知りたいところです。

前置きが少し長くなりましたが、別に、「自分は物知りだ」と教えたかったわけではありません。ここまで言わないと、全体の構図を示せないので、三十分余りかけて、お話ししました。これは、「地球的正義」を考えるに当たって、バックグラウンドとして知っていなければならないことなのです。

今回のアルジェリアの事件では人質が死んだため、これを行ったテロ組織を応援するところは、彼らの仲間以外にはないでしょう。

しかし、この事件の背景の部分は、やはり、どうしても詰《つ》めておかないといけませんし、これを詰められるのは、今、私しかいないと思うので、火中の栗《くり》を拾うような面もありますが、あえて詰めておきたいと思います。

結論的に、どうなるか。

アメリカが間違っているのか。

それとも、やはり、「フセインのほうが間違っていた」となるか。

あるいは、私が過去に霊査していたものに、一部、誤りがあったことを認めなくてはならないのか。

このへんについては、どうなるか、まだ分からないのです。

また、「キリスト教」対「イスラム教」には、何か引っ掛かっている点があるのか。このへんについても、不思議な面があります。霊界のイエスと天使ミカエルとの間で、意思の疎通《そつう》が十分にできていないところがあるのです。ミカエルはイスラエルを応援しているのに、イエスには、特にミカエルを指導しているような気配がありません。これも不思議なことではあるのです。

大まかなところについて、申し上げました。
ここから先についての調査は、私でなければできないと思います。

2 霊界《れいかい》のサダム・フセインを探索《たんさく》する

まず視《み》えてきたのは「孵化《ふか》する前の卵の黄身」のような模様

大川隆法　それでは、オサマ・ビン・ラディンに対する霊査《れいさ》に倣《なら》い、まず、「サダム・フセインが、今、霊界《れいかい》のどこにいるか」ということを霊視《れいし》し、そのあと、本人を呼ぶかたちで行いたいと考えます。

今日のテーマは非常に大事であり、今回なされる判断は世界史的にも重要な判断になります。収録時間は少し長くなるかもしれませんが、お許しください。

（顔の前で両手の人差し指と親指を合わせ、三角形をつくる）

それでは、「処刑《しょけい》されたイラク大統領の故・サダム・フセイン氏が、今、霊界のど

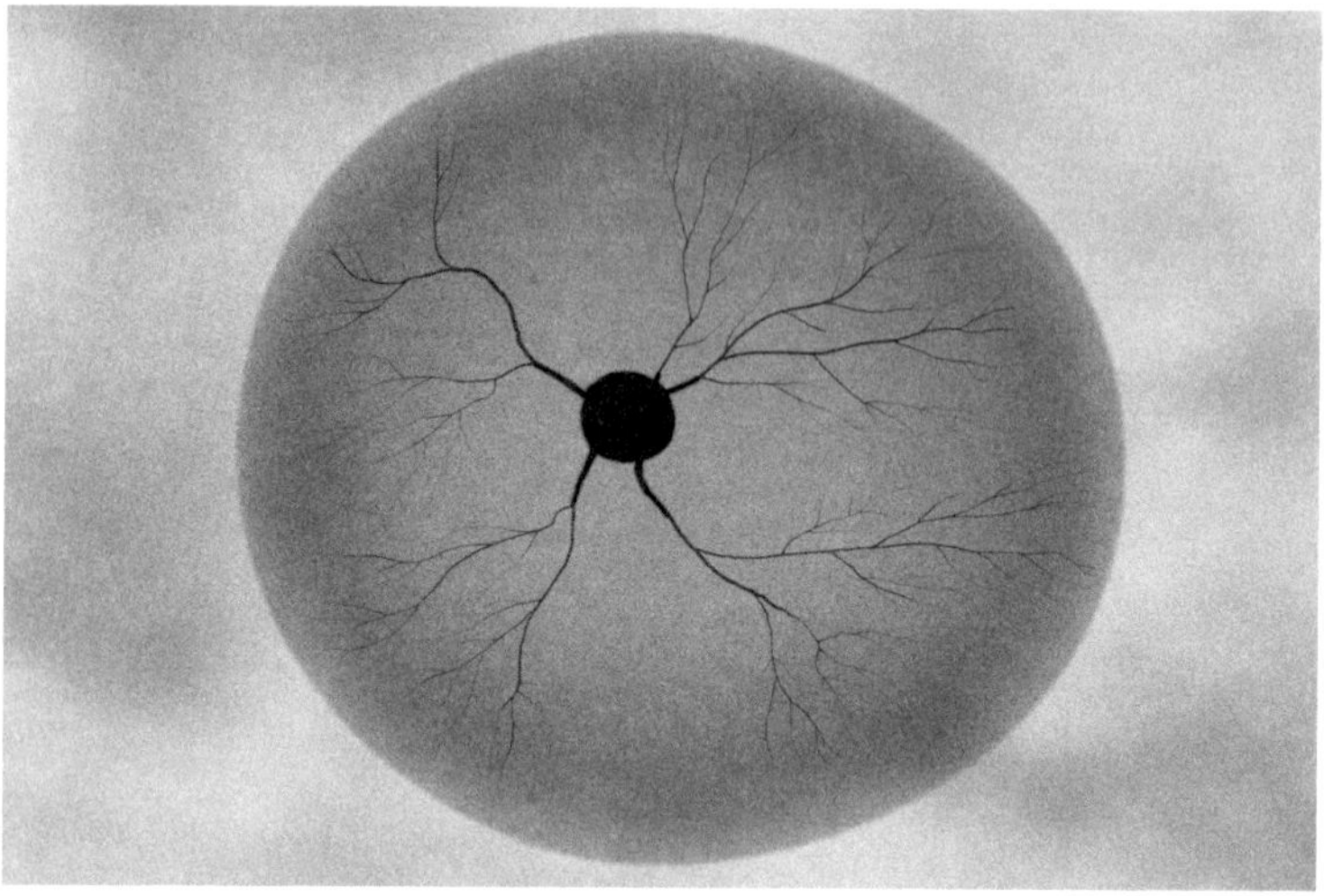

図解①

のような所にいるか」ということについて、これから私の霊体《れいたい》の一部を体外離脱《たいがいりだつ》させ、霊査に入りたいと思います。

（約二十五秒間の沈黙《ちんもく》）うーん……。

（約十秒間の沈黙）

今、私に視《み》えてきているのは……、まだ明確ではないのですが、「孵化《ふか》する前の卵の黄身」のような感じの模様です。卵の黄身の〝目玉〟の部分が大きくなって、血管のようなものが張り巡《めぐ》らされている感じのものが、今、視えているのです（図解①）。これは、いったい何なのでしょうか。うーん。

それから、これは何だろう？　スーッと鼻筋が通っているような感じのものが視えます。斜《なな》め下に下るにつれて、斜め上に上がってくる、戦闘機《せんとうき》の尾翼《びよく》のような感じにも見えるものが、少し視えています。

薄《うす》く、幅《はば》があり、後ろにせり上がってきているようなものが視え、その横側には「目のくぼみ」のような黒いくぼみが二つ視えていますが、これが何なのかは、まだ分かりません。

「棺桶《かんおけ》型の四角い穴」と「水底によどみのたまった丸い穴」

大川隆法　もう少し視てみます。

うーん……。ああ、これは、おそらく砂漠《さばく》地帯だと思われますが、今、近くに、棺《かん》桶《おけ》を大きくしたぐらいの面積の穴が掘《ほ》られた所を視ています（図解②）。

そのなかを視ますが、これは、もしかしたら、サダム・フセインが潜伏《せんぷく》していたティクリート郊外《こうがい》の穴かもしれません。棺桶型の四角い穴のようなものが視えています。

図解②

それから……、今、視えているのは、それとは少し違《ちが》い、今度は、丸い穴が視えています。比較的《ひかく》、上から視て、何十メートルもいかない、数メートルぐらい下のところに水面があり、その上のほうの一～二メートルぐらいは透明《とうめい》で澄《す》んでいます。

さらに、下のほうには、甘酒《あまざけ》を発酵《はっこう》させたときのように、ややドロッとしてよどんでいるものがたまっています。上澄みが一～二メートルほどあり、その下には丸いものが視えています。

これが、何か関係があるのでしょうか。

図解③

もう少しこれを視てみます。

（約十秒間の沈黙）

うーん、酒のようなものが沈《しず》んでいる所の真ん中あたりに、もう一重に、塊《かたまり》のようなものが視えています。その〝井戸《いど》〟のなかに、やや陸地風に、乾燥《かんそう》した丸みのあるものが視えてきました（図解③）。

（約十秒間の沈黙）

〝井戸《いど》〟の水面に反射して映る
「グレイ」のような顔

大川隆法　次は、うーん……、先ほどの

ものと同じものなのかどうかが分からないのですが、水面のようなものが視えます。今、そこに顔のようなものが覗《のぞ》いている様子が映っています。不思議なことに、宇宙人の「グレイ」のような顔が水に映っているんですね。おかしいな……。

ツルツルの白い頭に大きなアーモンド型の目がついた顔が、水に反射して映っている姿が視えます。その映る位置にいるのは私でしょうから、そんなはずはないのですが……。

両岸に灌木《かんぼく》の茂《しげ》った「灌漑《かんがい》用水のような川」に沿って進む

大川隆法　そうして……、ああ、今度は、川が視えてきましたね。左下から右上に向けて、灌漑《かんがい》のための用水のような川が流れています。
両岸には、これは何と言うべきだろう？　うーん……。灌木というか、芝生《しばふ》というか、大したことのない低木や草が茂《しげ》っています。これが、農業の灌漑用か何かは分かりません。左下から、途中《とちゅう》で曲がり、右上へ行っていますね。今、川が視えています。でも、この川は澄んでいませんね。澄んでおらず、茶色に濁《にご》っています（図解④）。

図解④

いろいろな景色を見せられているのですが、いまだに、この意味が分かりません。

いちおう、この川の方向に沿って進んでいきます。

（約十秒間の沈黙）

川が二つに分かれましたので、右側のほうへ行ってみます。右側へ行くと、中島《なかじま》があり、また二つに分かれています。今度は、左の小さな小さな川のほうへ入っていきます。こちらに行って、右に曲がったところで止まりました。

「四角く盛り上がった台地」の真ん中にある池に潜《もぐ》る

大川隆法　右に曲がった所は、四角く、盛り土のように少し上がっています。感触《かんしょく》としては、東京の「台場公園《だいばこうえん》」にある砲台跡《ほうだいあと》のような、四角い台地状の盛り上がりです。この盛り上がった場所の真ん中がくぼんでいます。お台場のものほど大きくはありませんが、あのような感じの場所にあるくぼみです。
その真ん中のあたりに、小さな池のようなものがあります。この池は、水たまりを

図解⑤

大きくしたような、やや不規則な円形のものですが、これは、やや薄黒い、灰色を黒くしたような色をしています（図解⑤）。

フセインは、この底にいるのでしょうか。それでは潜《もぐ》ってみます。

（約十秒間の沈黙）

蛇行《だこう》する〝下水管〟の水流をひたすら下っていく

大川隆法　今は、うーん……、丸い下水道のような所に入りました。その下水管の下のほうには水が流れています。

図解⑥

これは、海外のホテルのプールにある、子供が遊ぶウォータースライダーのようなものです。あるいは、下水管に水が流れているようなところを、今、私は斜め下に下っています。下っています、下っています、下っています、下っています……（図解⑥）。

右側の岩肌《いわはだ》が少し薄《うす》赤く光っているように感じます。少し赤み、赤色《せきしょく》を帯び、輝《かがや》いているようにも視えますが、うーん……。でも、花崗岩《かこうがん》のようにも視えますし、ちょっと分かりません。そんな感じの岩石です。

ここをもう少し下っていき、右に蛇行《だこう》

図解⑦

し、左に蛇行して、前に進みます。この長さはけっこうありますね。今までに、もう一キロは進んだと思います。

延々と続く〝迷路《めいろ》〟に難航する「フセイン探索《たんさく》」

大川隆法　そうするうちに、上の部分がなくなり、外に出てきました。周りは、やや薄暗いんですけれども、また枯《か》れた芝生のようなものになってきました。蛇行して流れる北海道の川のようなものに変わってきましたね（図解⑦）。

これは、行き着けるのでしょうか。困りました。迷路《めいろ》のようですね。うーん……。

指導霊団《しどうれいだん》よ、指導霊団よ、どうか、正しくお導きください。
指導霊団よ、正しくお導きください。
私をどこへ導こうとしているのでしょうか。これはどこでしょうか。

（約二十秒間の沈黙）

どうしても、濁った小川と、枯れ草の生えた牧草地のような景色が視えてくるのですが、まだフセインが視えないんですよ。どうしてなのでしょうか。
サダム・フセインよ、サダム・フセインよ。姿を現してください。
いったいどこにいるのでしょうか。

（約十秒間の沈黙）

うーん、これは珍《めずら》しいなあ。分かりません……。
また、穴が視えてきました。もう一つ、坑道《こうどう》のようなものが視えてきたのですが、
どうも、これは、うーん……。イラクかどうかは分かりませんが、あのあたりも含《ふく》め、

どこかの砂漠地帯の、あちこちの所につながっているのでしょうか。この運河のようなものや、地下道のようなもの、川のようなものなど、いろいろなものが、いろいろな国の場所につながっている感じがします。霊界でつながっているのかもしれません。

さあ、サダム・フセインよ。姿を現したまえ。そろそろ姿を現してください。どこにいますか。姿を現してください。どこにいますか。

（約五秒間の沈黙）

「サイロ」のような深い穴の底でフセインを発見！

大川隆法　ああ、いた！　見つけた。とうとう見つけました。最終的に、フセインがいる所を見つけました。

今まで、水や通路や川のようなものがずいぶんたくさん視えましたが、ここは、水が流れ込《こ》んでいる所です。深いサイロのようなものが地下にあり、周りはレンガに視えますね。私の目には、周りがレンガづくりの、深いサイロのようなものに視えます。

サイロ型の洞穴《ほらあな》の底のほうには水がたまっていますが、その真ん中に、軍服姿のサダム・フセインが立っています。例のベレー帽《ぼう》のようなものをかぶり、カーキ色の軍服を着て、銃《じゅう》か何かを持ち、股《もも》の付け根あたりまで水に浸《つ》かった状態で、一人だけ立っています（図解⑧⑨）。

これは、いちおう、「隔離《かくり》されている」と捉《とら》えるべきでしょうか。先ほどからずっと視てきたさまざまなものとの兼《か》ね合いがよく分かりませんが、いわゆる孤独地獄《こどくじごく》のような所に、彼は隔離されているようですね。

ただ、隔離はされていますが、水でつながっていたので、これが暗示するものは、もしかしたら、先ほど述べたように、「過激派とつながっている」といったことなのかもしれません。

これは、これまで視てきたものを総合すると、「孤独地獄のような所に一人だけ隔離されていて、ほかの人とは連絡《れんらく》が取れないようになってはいるが、地下水脈やトン

図解⑧

図解⑨

ネルなど、さまざまなものによって、あちこちの国につながっている」という意味でしょうか。そのように視えます。

最終的に分かったこととしては、彼は、レンガでできた深い穴のなかに一人で立っています。「レンガでできている」ということは、「人工の物である」ということですが、そのなかに、股の付け根あたりまで水に浸かり、ベレー帽をかぶった軍服姿のまま立っています。隔離されているのは間違いありません。

ただ、上のほうには空が視えるので、蓋《ふた》がされているわけではありません。上からは、まだ、実際に水が流れ込んできているからだと思います。

原野のような所なので、その周りには、おそらく、人っ子一人いないだろうと推定されます。

今、視えたのは、そういうものですね。

酒井　その地底は、「深くはない」ということですか。

大川隆法　深さについては分かりませんが、オサマ・ビン・ラディンのとき（前掲《ぜんけい》『イスラム過激派に正義はあるのか』参照）のように、ずっと深く、下まで落ちる感じはありませんでしたね。

パッパッパッパッと、非常に水平的に、いろいろな所に移っていったように視えたのですが、「何らかのものとつながりがあることを意味しているのは間違いない」と思います。

石川　いちおう、「明るい世界」なのでしょうか。

大川隆法　いや、これを「明るい」と言えるかどうかは分かりませんね。

ただ、一つの特徴《とくちょう》としては、「穴の上が開《あ》いている」ということです。普通《ふつう》の孤独地獄であれば、完全に隔離された状態で、〝蓋〟が閉まっているというか、開いていないはずなのですが、ここは、いちおう、上が開いてはいるのです。

「ピラミッドの坑道《こうどう》」のような斜《なな》めの道を上がる

酒井　それでは、その上空に上がることはできますでしょうか。上空に上がり、その位置が中東のどのあたりにあるかを確認できますでしょうか。

大川隆法　では、上昇《じょうしょう》します。ここは、どのあたりでしょうか。穴から出ていきます、出ていきます、出ていきます。

このレンガの穴は、うーん……、おそらく、目測三十メートルぐらいの深さでしょうか。

酒井　はい。

大川隆法　地上まで、目測三十メートルぐらいの穴ですね。それでは、穴から出ていきます。

（約五秒間の沈黙）

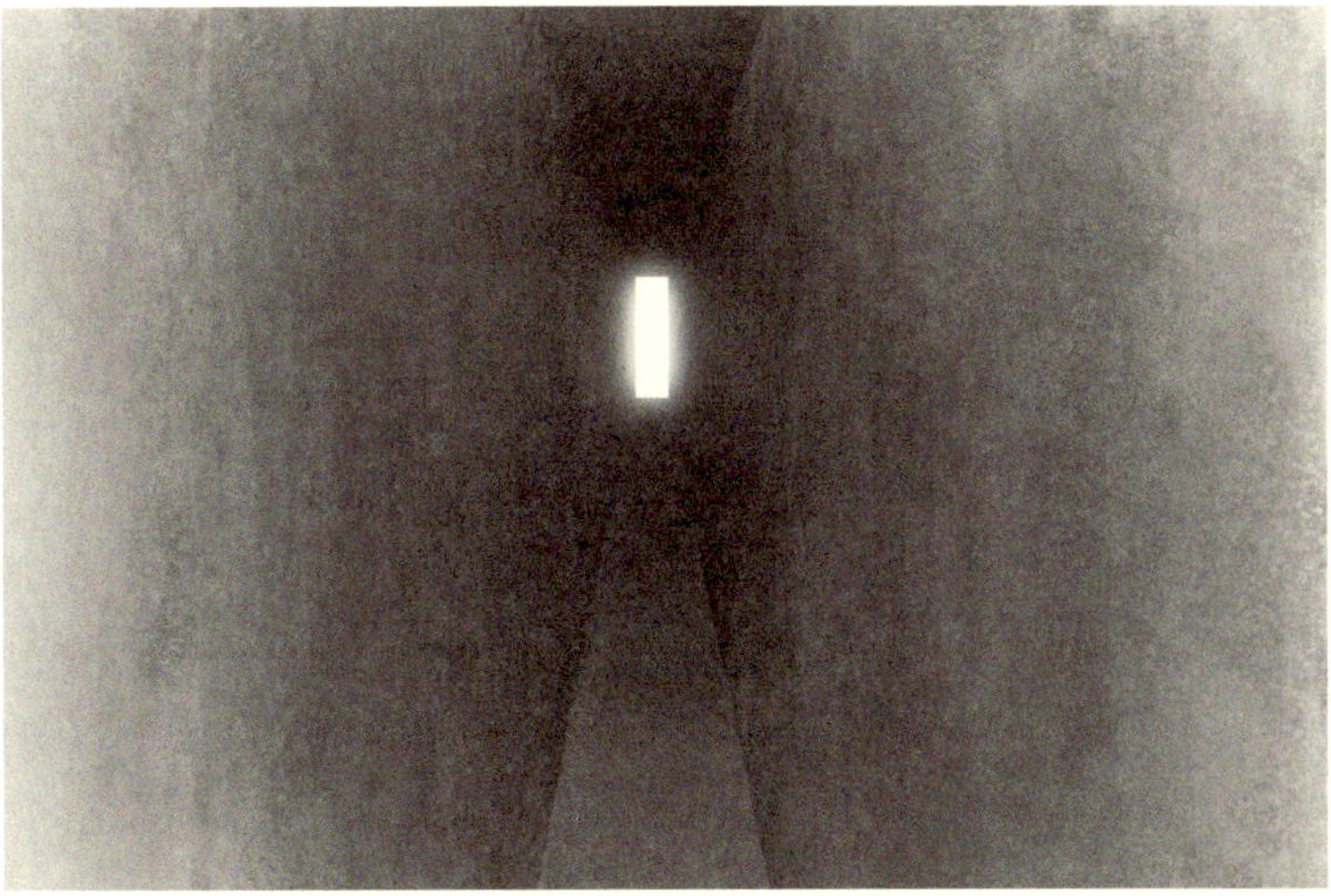

図解⑩

あれ？　上に出ようとしたのですが、まだ何かがありますね。ただの空ではありませんでした。

ああ……、今、進んでいるのは、昔、テレビで見たことがある、エジプトのピラミッドのなかの坑道《こうどう》のような所です。「王の間《ま》」に行く斜《なな》めの穴のような所を、今、上昇しているのです（図解⑩）。こんな所を抜《ぬ》けているので、どうやら、外の空ではないようです。

ここがピラミッドかどうかは、内部にいるため、まだ確定できませんが、ピラミッドのなかを抜いたような穴を、今、斜め上に上がっていっています。

ああ、出口に太陽が視えますね。

酒井　はい。

大川隆法　出口の外には太陽が視えました。今、視えました。

まあ、草原というほどではありませんが、枯れ野原のような場所の地下に、レンガでつくられた縦穴があり、少し水がたまっている底のあたりに、彼は一人で隔離されていました。

その縦穴には、小川のように水が流れ込んでおり、「外は、空の広がる普通の世界だろう」と思って出てみたら、出た所も、まだピラミッドのなかの穴のような所でした。そこを抜けていくと、ようやく外に出て、太陽が視えました。そういう感じです。「ピラミッドのような感じがする」という意味では、「一種の『王様の墓』のようなイメージがある」ということでしょうか。

円盤《えんばん》のなかで再び「グレイ」を見つける

酒井　さらに上空に上がってみると、地理的には、中東のどのあたりになるでしょうか。

大川隆法　ああ、上ですか。それでは、ピラミッドのようなものの穴から抜けます。しばらく待ってくださいね。抜けます。

（約二十秒間の沈黙）

何だか、私は円盤《えんばん》のなかにいるようです（笑）。あっ、さっきのグレイがいます（会場笑）。円盤のなかまで行ってしまいました。

酒井　（笑）はい。

大川隆法　上には円盤がいます。上空へ上がっていったら、円盤がいました。円盤からの視点で、今、視ているのですが、円盤はこのあたりのことについて関心があるわけですね。

なるほど。それで、ウオッチしているのでしょう。

酒井　はい。

グレイとともに「エジプトの首都・カイロ」を見下《みお》ろす

大川隆法　今、円盤のなかで、グレイと同居している状態ですが、円盤の窓から、下のほうを少し視てみます。グレイさん、仲良くしてください（笑）。

隣《となり》の窓からグレイが下を見ています。私も覗かせていただきます。

下を覗かせていただくと、やや、太陽がまぶしいのですが、今、これは、どのあたりなのでしょうか。

地球が回っていますが、今は、アフリカのエジプト付近の……。

酒井　エジプトのほうですか。

大川隆法　北部……、北東部のほうが視えますね。エジプト……、それから、紅海《こうかい》があります。そして、これはパレスチナです。ガザ地区やイスラエルがあって、その横にはイラクがあるんですね。上から視ると、真下はエジプトに近いような気がします。

酒井　ああ、そうですか。イラク側ではなく、エジプトですか。

大川隆法　いや、近いですから、それほどは変わらないのですが……。

酒井　そのあたりは、ちょうど中間点でしょうか。

大川隆法　うーん、ただ、エジプト北部のほうですから、あれは首都の近辺ですか。カイロのあたりですかね?

酒井　カイロのあたりですか。

大川隆法　下にカイロあたりがあるように視えます。確かに、今、エジプトが中東の〝発火点〟になりそうではありますからね。

酒井　ああ、なるほど。はい。

円盤《えんばん》の宇宙人は「地球の変動期」を観察するウオッチャー

大川隆法　次に、エジプトで何かを起こそうとしているのかもしれません。そうであれば、先ほど、ピラミッド風のものが視えた意味も少し分かりますね。

酒井　今、ここに根拠《こんきょ》地があるわけですか。なるほど。

大川隆法　だから、「自分は『王家の墓』に埋葬《まいそう》されるべき存在だ」というように思っているのではないでしょうか。どうやら、その下の下に、「フセイン専用」の孤独地獄があるようです。

酒井　そういうものがあるわけですね？　少し余談になってしまいますが、円盤にいるその人たちは、何をウオッチしているのか、お訊《き》きいただけないでしょうか。

大川隆法　それでは……。（グレイに）ああ、すみません。Could you《クッドユー》……（笑）、Could you でもないか。あなたがたは、いったい、何をする人たちなのですか。何をなさっているのですか。

（約十秒間の沈黙）

「いやあ、面白《おもしろ》いじゃないですか。地球の歴史が変わっていくかもしれない瞬間《しゅんかん》を見ているんだから、面白いじゃないですか」というようなことを言っていますね。

「今、イスラム圏《けん》で大きな動きが出てきて、〝嵐《あらし》〟が始まっています。これが、どのような流れになって、どのように地球の歴史が動いていくのか、非常に面白いので、ウオッチャーとして観察しているんです」と言っています。

グレイたちの隊長は「イソギンチャク型宇宙人」？

酒井　ちなみに、彼らは、中立的な立場に立って見ているのでしょうか。それとも、誰《だれ》かに対し、何かを指示しているのでしょうか。

大川隆法　（グレイに）協力的なのですか。危険なものを見張っているのですか。それとも、何かをけしかけているのですか。今は、どんな立場で見ておられるのですか。責任者、出てきてください。責任者はいませんか。責任者、出てきてください。責任者……。

（約十秒間の沈黙）

大川隆法　ああ、これが責任者なのでしょうか……。何だか、変な……。

酒井　（笑）

大川隆法　こんなものは……、存在するのでしょうか。私には理解不能なのですが。何だか、イソギンチャクの親玉のようなものが出てきました。こんな生き物は存在するのでしょうか。手足があるのかどうか、まだ分からないんですけれども……。

酒井　はい。

大川隆法　顔は、イソギンチャクの親玉のように視えるのですが、手足があるかどうか分かりません。

イソギンチャクの親玉のようなものが出てきて、それがピカピカと光を放っています。隊長なのでしょうか。

どうやら隊長らしいですね。グレイを使っているのは、この人のようです。いまだに、こんなものは、ちょっと見覚えがありません（図解⑪）。

中東に火種を抱《かか》える地球人は、どんな結論を選択《せんたく》するか

酒井　（笑）いったい、その宇宙人は、なぜ、そこにいるのでしょうか。

図解⑪

大川隆法　〝ミスター・イソギンチャク〟は（会場笑）、いったい、何なのでしょうか。（イソギンチャク型宇宙人に）何を考えていらっしゃる？　何をしていらっしゃるのですか。

（約十秒間の沈黙）

「『アラブの春』の決着をどこへ持っていくかが、今、非常に、われわれの関心を呼んでおり、『地球は何を選択《せんたく》するか。結論として、地球人は何を選択していくか』を見ているところです」と言っています。

酒井　勉強に来ているのでしょうか。

大川隆法　うーん、いや……。

（約十秒間の沈黙）

「勉強に来ている」ということではなく、気分は、サファリパークを監視《かんし》しているような感じです。

酒井　（笑）では、観光のようなものですか。

大川隆法　いや、そうではなく、〝国立サファリパークの放し飼いの動物たち〟が、見学者たちに危険を及《およ》ぼさないように、いちおう、パトロールをして見張っているようです。

酒井　ああ、それはパトロールなんですね。なるほど。

大川隆法　そのような感じは伝わってきます。

酒井　では、最悪を防ぐために、今、ウオッチしているわけですか。

大川隆法　要するに、この中東のあたりが、次の発火点になるかもしれないので、いちおう見ているのだと思います。

酒井　分かりました。はい。

宇宙人については、このくらいにして、次にいきたいと思います。

大川隆法　これでいいですか。

元イラク大統領サダム・フセインを招霊《しょうれい》する

大川隆法　それでは、そろそろお呼びしましょうか。

霊査にかなり時間を取られましたが、これから、サダム・フセイン元大統領をお呼びしたいと思います。

けっこう口の立つ方だと思われます。

もし、日本人の過去世《かこぜ》が本当にあるのであれば、日本語で問題なく話せるのではないでしょうか。日本語を話せなくても、生前はＣＮＮを観《み》ていたそうですから、少しは英語が分かるのではないかと思います。英語で話せるようであれば、日本語にも変《へん》換《かん》できるでしょう。

（合掌《がっしょう》し、瞑目《めいもく》する）

元イラク大統領サダム・フセインの霊よ。

元イラク大統領サダム・フセインの霊よ。

どうか、幸福の科学　教祖殿《きょうそでん》　大悟館《たいごかん》に降りたまいて、現在、考えておられることをお聴《き》かせください。

イラクの人々や欧米《おうべい》に対する考え、特に、アメリカに対する意見、また、先の"September《セプテンバー》 11《イレブン》"の問題、あるいは、オサマ・ビン・ラディンの死、最近のアルジェリア人質事件等《ひとじち》、さまざまなことがありますが、これらについて、どのように考えているか、ご意見をお伺《うかが》いしたいと思います。

元イラク大統領サダム・フセインの霊よ。

サダム・フセインの霊よ。

サダム・フセインの霊よ。
サダム・フセインの霊よ。
どうか、われらのところに降り来《きた》って、その本心を語りたまえ。

（約十五秒間の沈黙）

3 「大量破壊《はかい》兵器」は存在したのか

自分自身の「死刑執行《しけいしっこう》」をなかなか思い出せないフセイン

フセイン　（首を横に激しく振《ふ》る）

酒井　こんにちは。

フセイン　ホオー。ホオー（椅子《いす》の背もたれに上体を反《そ》らし、大きく息を吐《は》く）。

酒井　サダム・フセインさんですか。

フセイン　ほお、久しぶりだなあ。

酒井　お久しぶりでございますか。「久しぶり」というのは、どういうことなのでしょうか。

フセイン　いや、声をかけられたのは……。
酒井　そうですか。人と会うのは、かれこれ二〇〇六年の十二月以来でしょうか。
フセイン　それは詳《くわ》しくは分からんが……。
酒井　分からない？
フセイン　ちょっと一人でいたもんで……。
酒井　お亡《な》くなりになったのはご存じですか。
フセイン　うん？　何て言った？
酒井　処刑《しょけい》されたのはご存じですか。
フセイン　処刑となな？　うーん、処刑と言った？
酒井　はい。

フセイン　そう言えば、裁判をしていたねえ。
酒井　裁判のあとはどうなりました？　死刑判決が出ましたよね。
フセイン　ああ、そう……、けしからんねえ。無効だね。無効で死刑にはなっていないから生きてるんじゃないか？
酒井　ただ、死刑執行《しっこう》の直前のところは覚えていませんか。
フセイン　うーん、そんなものは思い出せないね。うーん……。

「ブッシュが絞首刑《こうしゅけい》になるべきだ」との主張

酒井　絞首刑《こうしゅけい》で、何かを巻かれたところまでは覚えていませんか。
フセイン　なんか嫌《いや》な感じだね。何となくぶら下げられたような感じがしないわけでもないけども、あれは、わしではないような気もする。
酒井　違《ちが》うかもしれない？

フセイン　うーん。大統領が絞首刑になるわけがないだろう?

酒井　ただ、あの流れのなかでは、穴に入っているとき、「そうならざるをえない」とあきらめたのではないですか。

フセイン　絞首刑になるのは、ブッシュのはずだが。

酒井　いや、あなたはそう思うのでしょうが、やはり……。

フセイン　人の国を侵略《しんりゃく》してるんだから、あっちが絞首刑でないのか。

酒井　なるほど。

フセイン　侵略しても、大量破壊《はかい》兵器なんかなかったんだからさあ。間違った攻撃《こうげき》をして、人の国をぶっ潰《つぶ》して、大勢の人を殺して、アメリカの兵士もいっぱい死なせて、そのあと、ゲリラがいっぱい起きたんだろう?
　だから、ブッシュがぶら下がってるんじゃないのか。

酒井　そのブッシュは、息子《むすこ》のほうのブッシュですか。
フセイン　そうだろうな。ブッシュがぶら下がったんじゃないの？　当然、死刑だろうな。国際法廷《ほうてい》が、当然、ブッシュを死刑にするだろう。
酒井　今、アメリカの大統領は誰《だれ》か、ご存じですか。
フセイン　ブッシュじゃないの？　あれ？　これはおかしいな。死んだ？　じゃあ、このぶら下がってるのは俺《おれ》か。
酒井　そうですね。
フセイン　やられたんかな？
酒井　やられました。
フセイン　（舌打ち）やられたか。おかしいなあ。

〝現代のムハンマド〟を自称《じしょう》するフセイン

酒井　お亡くなりになったら、どういう所に行かれる予定でしたか。

フセイン　そらあ、王様の礼をとって、ちゃんと祀《まつ》られないといかんわなあ。

酒井　あなたは、イスラムの信仰《しんこう》は持っていますよね？

フセイン　それは、君ねえ、そんなことを訊《き》くこと自体が死罪に値《あたい》するんじゃないか。

酒井　今、あなたのいらっしゃる所は、どういう景色ですか。

フセイン　まあ、イスラムも王様も一緒《いっしょ》よ。そんなものは、変わらない。とにかく、私は、〝現代のムハンマド（マホメット）〟だから……。

酒井　「〝現代のムハンマド〟だ」と思われている？

フセイン　うんうん。ムハンマドは負けるわけがないのだ。だから、本当は負けているはずはないんだ。

酒井　ただ、負けましたよね。

フセイン　負けても、もう一回、それから巻き返すのがジハード（聖戦《せいせん》）なんだよ。ジハードだから、いったんやられるんだけども、もう一回、それから盛り返して、敵を倒《たお》さなきゃいけない。これからが反攻をかけるときなんじゃないかなあ。

酒井　なるほど。

大量破壊《はかい》兵器は「製造」ではなく「密輸入」していた？

酒井　では、大量破壊《はかい》兵器は持っていなかったわけですね。

フセイン　うーん……。いや、それについて、査察とか、いっぱいしてたよね。湾岸《わんがん》戦争でだいぶ痛めつけられたあと、監視《かんし》はいっぱい効いてたから、そんなに秘密でつくれるようなものじゃない。

あのときは、イスラエルにスカッドミサイルとかを撃《う》ち込《こ》んだから、「あんなものをいっぱい持ってたらいかん。砂漠《さばく》のどっかに隠《かく》しとるに違いない」と言うて、一生《いっしょう》懸命《けんめい》に探しとったわなあ。だけど、出てはこなかったやろう？

酒井　ただ、湾岸戦争のときは、化学兵器などの大量破壊兵器は持っていましたよね。それに、「核《かく》兵器の製造に入っていたのではないか」という話もありましたけれども。

フセイン　そらあ、一国であるからね。いろんな部門があって、いろいろと謎《なぞ》はあるわな。

酒井　謎というか、〝フセイン大王〟がアメリカと戦うのであれば、それくらいのことはできますよね。

フセイン　謎はあるけど、まあ、それはシンジケート（大規模な犯罪組織）があるから、いろんな所からの、いろんなルートがあるわな。

酒井　仕入れルートがあったんですね。

フセイン　そらあ、直接つくったらばれるじゃないか。よそから密輸入すれば、ばれないわなあ。

酒井　当時、ソ連などから武器は入っていたんですよね。
フセイン　まあ、あそこは、内陸だからねえ。海もあるけども、内陸だから、国境はあるようでないようで、ほかのルートから運び込めないわけはないわなあ。

イラクへの査察は落選した親《おや》ブッシュの「逆恨《さかうら》み」か

酒井　その大量破壊兵器は、九一年の湾岸戦争で、全部、なくなってしまったのでしょうか。
フセイン　あのときは、軍隊にだいぶ攻《せ》め込まれ、バスラとかもやられ、首都を包囲された。まあ、占領《せんりょう》まではされなかったけど、当然、調査はされてるからね。いちおう、使える状態ではないところまでされていたはずだよね。
酒井　そのあとに修理などをしたわけですか。
フセイン　あれは、親《おや》ブッシュが落選して、逆恨《さかうら》みをしたんじゃないか。

ブッシュが落選したときには、みんなで祝杯《しゅくはい》を挙げたからね。「バンザーイ！　アッラーの栄光により、ブッシュは打ち倒された！　サタンは倒された！」と言って、みんなで喜んだからね。あれで、逆恨みしたんだろうなあ。

酒井　なるほど。では、そのブッシュが降りたあとの、クリントンのときに、武器を調達でき始めたんですね。

フセイン　いやあ、やっぱり湾岸戦争でそうとう痛手はあったからねえ。クウェートだって取り上げられたし、そうとうな被害《ひがい》だったよ。バスラだって十万人からの人が死んだしね。そうとうなものだったと思う。

酒井　厳しいですね。

フセイン　経済的には、かなり逼迫《ひっぱく》して、元に戻《もど》すので精いっぱいだったけども、わしが大統領に返り咲《ざ》いたというか、続投したのが許せなかったんやろうなあ。

まあ、引退すべきだったのかもしらんけども、庶民《しょみん》というか、イラク国民および近《きん》隣《りん》のアラブ諸国民も、わしを支持しておったからね。わしは、ある意味でのサラディンであり、ムハンマドであったわけだからね。
湾岸《わんがん》戦争後に復元しようとしたのは「自衛のための軍隊」?
酒井　要するに、話のポイントを一つに絞《しぼ》りますと、二〇〇三年のイラク戦争の時点で、大量破壊兵器はあったのでしょうか。なかったのでしょうか。
フセイン　君、どのくらい、わしを信じる?
酒井　全部、信じます。
フセイン　ほんと?
酒井　はい。
フセイン　うーん、そうか。うーん……。（約五秒間の沈黙《ちんもく》）
まあ、いちおう国ではあるからね。湾岸《わんがん》戦争に負けて、十年以上たってたから、多少、復元する力はあるわね。軍隊もまたできてはいたからね。

酒井　武器はありますよね。

フセイン　軍隊がある以上、当然、武器はあるわねえ。その武器は、日本じゃあるまいし、機関銃《きかんじゅう》や小銃までしかないわけはないわな。多少、軍隊としてのかたちを復元しようとしてたのは事実ではある。

大量破壊兵器という、彼らの言い方が非常に分かりにくい。何を言うとるのかがちょっと分からないけどね。私たちは、君らの自衛隊じゃないけど、自衛するための軍隊の備えは、ちょっとはしておったんだがね。

オウムの「サリン事件」のせいでイラクは疑われた？

石川　化学兵器などはあったのでしょうか。

フセイン　化学兵器みたいなものはねえ、君、分かりにくいものだよね。

石川　分かりにくい？

フセイン　いや、分かりにくいっていうか、研究所や工場みたいなものは、どこでも、いっぱいつくれるからね。それは、つくってても分からないでしょう。

酒井　では、国連が査察に入っても見つけられなかったのは、なぜでしょうか。

フセイン　（日本では）オウム真理教事件があったので、「オウムにできるのなら、イラクにできないわけがない」と、オウムのせいで、わしがやられたんと違うかなあ。

酒井　（苦笑）よく意味が分かりませんが、オウムも、最後は見つけられたわけですよ。

フセイン　なんか、村の建物のなかぐらいでつくれるわけでしょう？　あの程度の建物だったら、イラクにだって、いくらでもある。

酒井　ありますね。

「化学兵器」は隠《かく》すのも廃棄《はいき》するのも非常に簡単

酒井　でも、なぜ、彼らは見つけることができなかったのでしょうか。

フセイン　そらあ、国だから広いわなあ。隠《かく》せば分からんし、廃棄《はいき》しても構わないわけだから、調べられる前に廃棄すればいいんでしょう?

酒井　要するに、「うまく隠しおおせた」と。

フセイン　いや、わしは、それは知らんよ。わしは、そんなことは言うとらんけども、治安維持《いじ》のレベルまでするのは、大統領としての義務だとは思う。

酒井　ただ、「あるか、ないか」ということで言えば、その戦いではブッシュに勝ったわけですね。

フセイン　少なくとも近隣諸国に囲まれておるから、日本とは違う。まったくの無防備っていうことであれば、今度は、クウェートに続いて、イラクが国を取られる可能性もあるわけだからね。

酒井　そうですね。

フセイン　もちろん、米軍とかもチラチラしとるから、勝手なことはできませんけども、そうした化学兵器を研究するぐらいは、そんなに場所を取るもんではないからな。

酒井　つまり、「まさか」という場所でやっていたわけですね。

フセイン　そりゃあ、穴に隠れるのが好きなぐらいだから、そのくらいのことは考えるわなあ。

酒井　では、ブッシュの息子は、もう少し頭を使えばよかったですね。

フセイン　アメリカ人とイラク人は顔が違うから、アメリカ人が入ってきたら、みんな分かるわね。

酒井　（笑）分かります。

フセイン　だけど、向こうは、イラク人の顔の区別がつかないんだよ。みんなひげを生やしてるから、イラク人の区別はつかない。誰が軍人か、誰が軍事関係者か、誰が民間人かなんて、彼らには区別がつかない。写真を見ても、識別できない。

だから、みんなテロリストに見えたりもするんだろうけどもね。もう、疑心暗鬼《ぎしんあんき》という感じかなあ。

酒井　要するに、「隠すのは簡単だ」ということですね。

フセイン　そりゃあ、君ねえ、一日で終わりだよ。当たり前じゃないの。

石川　みな、反米感情があるので、隠すのに協力したと思います。

フセイン　百パーセント近い人がわしを支持したのに、みんなが、わしの仕事を反対するわけがないだろう?

酒井　なるほど。

そうすると、今も、化学兵器は残っていますか。今は、いつだか分かります?

二〇一三年です。

フセイン　いや、化学兵器の場合、いろんな化学処理を施《ほどこ》せば無害なものに変えることはできるから、残ってないかもしれないし、隠す時間が十分じゃなかったものについては、例えば、井戸《いど》みたいなところに投棄して埋《う》めてしまうとかできるわねえ。

ミサイルは目立つので無理だが、サリンの〝親戚《しんせき》〟ならつくれる

酒井　やはり、ブッシュの読みは当たっていたわけですね。

フセイン　読みが当たってたかどうかは分からない。アメリカが考える大量破壊兵器は、イラクが考えるものとは違う。

酒井　どう違うのですか。

フセイン　アメリカの大量破壊兵器っていうのは、地球を壊《こわ》せるぐらいの……。

酒井　いや、そこまでのものをイラクが持っているとは思っていません。

フセイン　持てるはずがないでしょう？

酒井　はい。

フセイン　だから、今の北朝鮮《きたちょうせん》がやっているミサイルみたいな、大きな目立つようなものだってつくれるわけがないでしょう？　そんなものはあるわけがないよ。つくっ

たら分かりますからね。人工衛星で見えるんだから、つくれるわけがない。オウム真理教にヒントを得て、サリンの〝親戚《しんせき》〟みたいなものはつくれるけども、これは、目に見えないからね。特殊《とくしゅ》な才能を持ってなければ、誰も意味が分からない。

酒井　では、クルド人を虐殺《ぎゃくさつ》したような化学兵器は持っていたわけですね。

フセイン　「持っていた」というか、見つからなきゃ捨てやしないわな。

酒井　なるほど。「まだ使える」ということなんですね。

フセイン　そりゃあ、今も、中国で、旧日本軍が使った化学兵器なんかが見つかってるんじゃないの？　そういうことを言うじゃないか。

酒井　はい、分かりました。

4　オサマ・ビン・ラディンとの関係を訊《き》く

フセインとビン・ラディンは「同志」の関係

酒井　最近の中東の情勢については、まったく知らないですか。

フセイン　いや、「まったく知らない」っていうわけではない。

酒井　先日のアルジェリアのテロで、日本人や他国の人が殺害された事件は、ご存じですか。

フセイン　うんうん。ちょっと聞いてる。

酒井　あの首謀者《しゅぼうしゃ》と、あなたは、何かつながりがありますか。

フセイン　首謀者?

酒井　首謀者は、アルカイダのビン・ラディンの弟子《でし》筋に当たるらしいのですが。

フセイン　ふーん。わしを尊敬してるんだろうな。

酒井　あなたを尊敬していると思います。

石川　あなたは、クウェートに侵攻《しんこう》したあと、八月十二日に、撤退《てったい》の三つの条件を挙げました。一つ目がイスラエル軍のパレスチナからの撤退と、シリア軍のレバノンからの撤退。二つ目がサウジ駐留《ちゅうりゅう》の米軍の引き揚《あ》げ。三つ目がアラブ軍の駐留。

フセイン　うーん、必要ですね。正しいことばっかりだな。

石川　これにビン・ラディンが大賛成しました。これがきっかけで、ビン・ラディンはサウジアラビアから出ていかなければいけなくなったわけですが、このあたりで、テロ事件など、あなたと目標を同じくしているところがあるのではないかと思うのですけれども。

フセイン　その意味では、ビン・ラディンは同志だったんじゃないかな。
酒井　同志だったのですか。
フセイン　やっぱり、「ソ連であろうが、アメリカであろうが、強国の横暴が許せない」っていう意味では、ほんとに義侠心《ぎきょうしん》の強い人間なんだな。わしと一緒《いっしょ》だ。

あの世では、ときどきビン・ラディンから「便り」が来る

酒井　そうすると、ビン・ラディンの「その後」は、ご存じですか。
フセイン　ビン・ラディンの「その後」？
酒井　ビン・ラディンが殺害されたことは、ご存じですか。
フセイン　ああ、ときどき便りが来るんだよ。
酒井　あ、手紙などでやり取りをしている？　どういうことを言っていますか。
フセイン　何だか、ちょっと原始的でたいへん恐縮《きょうしゅく》なんだけども、ちっちゃな葦舟《あしぶね》み

たいなものに手紙が乗っていて、流れ着いてくるんだよなあ。何でか分かんないけどねえ。

酒井　それは、どういう内容でしょうか。

フセイン　最近仕入れた情報を、いろいろ送ってくるなあ。

酒井　例えば、最近は、どんなことを送ってきました？

フセイン　今のアルジェリアのことは聞いてるよ。

酒井　それは、「成功したよ」ということですか。

フセイン　まあ、成功したような言い方ではあったな。

酒井　二〇〇一年の「九・一一」のときは、あなたもビン・ラディンも生きていましたが、具体的に、この世でやり取りをしていたわけですか。

フセイン　ああ、そこに来るか。これは重大発言になるな。

酒井　いや、「重大発言」というか……。ビン・ラディンとの交流は、最近、始まったのですか。
フセイン　いや、そんなことはない。
酒井　いつぐらいから？
フセイン　すでに、アメリカなどの多国籍軍《たこくせきぐん》がイラクを占領《せんりょう》して、さんざんな目に遭《あ》わせたあとから、彼は親近感を持っていたから……。
酒井　では、九一年のころから、けっこう仲が良かったのですか。
フセイン　まあ、そういうことだな。
「『アラブの純粋化《じゅんすいか》』が信仰《しんこう》上も正しい」と考えている
石川　今、イスラム世界には、二つの大きな勢力があると思うんですね。
フセイン　うん。

石川　つまり、「ある程度、現状を維持《いじ》し、欧米《おうべい》とも付き合っていこう」という勢力と、あなたやビン・ラディンのように、「中東において、国境を超《こ》えたアラブ民族の共同体をつくろう」という勢力の二つです。このあたりは水面下で……。

フセイン　「現状維持」のほうは不純だよね。〝黴菌《ばいきん》〟が付いてる。やはり、アラブは「アラブの純粋化《じゅんすいか》」をしていくことが、信仰《しんこう》の上でも正しいわなあ。

石川　あなたは、常に「イスラエル対アラブ連合」という図式に持っていきたかったのだと思うのですけれども。

フセイン　イスラエルは、私を殺して、「それで済んだ」と思ってるかもしらんけど、イスラエルは祟《たた》られるよ。私を殺したって、イランの大統領を殺したって一緒だよ。終わらないよ。イスラエルがある限り戦いは続くよ。あんな小国のために、どうしてイスラム教を信じる十三億人以上の人たちがおびえなきゃいけないわけよ。

アラブの盟主の上にあるのは「日露《にちろ》戦争に勝った日本」

石川　例えば、イラン・イラク戦争（一九八〇～一九八八）のときでも、イランはかなり孤立《こりつ》していたと思います。すなわち、一九七九年に、ホメイニのイスラム革命が起きたため、それが波及《はきゅう》しないように、アラブ諸国や、アメリカ、ソ連、欧州も、イラクを支持していましたが、イスラエルはイランを助けて、イラクを攻撃《こうげき》しています。

このように、イスラエルは、アラブ連合ができることを極《きわ》めて警戒《けいかい》していると思われますが、このあたりの駆《か》け引きについては、いかがでしょうか。

フセイン　しかしねえ、やっぱり地球には正義っていうものがなきゃいかんわなあ。その正義から見たら、人の国というか、人の土地に国を建てていいのか。

そりゃあ、ヒトラーに殺された六百万のユダヤ人は、かわいそうかもしらんけど、だからと言って、千九百年間も国はなかったのに、「千九百年前に、おまえらが住んでたから、その国をつくってやろう」と言うて、わが物顔に（土地を）空《あ》けさせ、そこをユダヤ人にやって国を建てるっていうの？

君らで言うと、「三国干渉《かんしょう》」っていうのがあっただろうが。強国が干渉して、「日清《にっしん》戦争で勝った領土を返せ」とか言ってきたのが頭に来て、日露《にちろ》戦争をやったんやろう？それで、あなたがた日本人は（勝って）狂喜《きょうき》したし、われわれの世界のほうだって、みんな喜んだよ。「白人種をやっつけたのはすごいことだ。日本は偉《えら》いな」と思った。「日本に見習おう」というのが、みんなの合言葉《あいことば》よ。

だから、アラブの盟主の上にあるのは、日本なんだよ。

アラブ諸国やアフリカに数多く入っている中国製の武器

酒井　ただ、今回、あなたとつながりのあるビン・ラディン系統の人たちは、日本人を最初の標的にして殺しましたよ。

フセイン　うーん……。それはねえ、アメリカと分断する作戦だと思うんだな。「アメリカと日本が同盟して一体化するのは、よくないことだ。日本はアジア人としてとどまるべきだ。だから、『アメリカと組むと殺される』ということで亀裂《きれつ》を入れる」という意味で、今、われわれは中国と利害を一《いっ》にしているんだよ。

酒井　なるほど。中国と利害を一にされているわけですね。

フセイン　うんうん。そうです。

酒井　では、「中国とつながろう」という意識が強いのですか。

フセイン　完全につながってます。だから、武器等は、全部、中国から入ってるんです。

酒井　それは、どこですか。アルカイダだけではなくて……。

フセイン　あらゆるルートから入ってくるんです。

酒井　中東の各国に入っている？

フセイン　三国間貿易、四国間貿易と、いろんなところを経由してやれば分からないでしょう？

酒井　アラブの諸国には、ほとんど入っていますか。

フセイン　ほかの国を二つ三つ転がして入れたら、もう分からないですからね。だから、イラクが戦うときはイラクに入ってたし、次に戦いが始まろうとしている、イランとシリアに対しては、中国製の武器がたくさん入っています。

酒井　イラン、シリアですね。

フセイン　はい。たくさんあるので、今は、アフリカにも流れ込《こ》んでます。

酒井　あなたは、それをよいことだと思いますか。

フセイン　まあ、いいことかどうかは知らんけれども、ソ連はなくなったが、欧米の専制に対しては、われわれにも、そうとう被害《ひがい》意識はあるからねえ。

酒井　それは分かります。

5 「アメリカの正義」に疑問を呈《てい》す

「武士道」を理想にしながら「民間人を殺す」という矛盾《むじゅん》

酒井　あなたは、「日本を尊敬している」と言いますが、日本は、決して民間人を殺すようなことはしませんでした。これが最も大きな違《ちが》いです。

フセイン　まあ、それはやめようよ。

酒井　いやいや、やめられませんよ。

フセイン　その話には、なんぼでも逆襲《ぎゃくしゅう》できるので、言ったって無駄《むだ》だからやめようよ。

酒井　いや、逆襲してください。なぜ、あなたがたは罪のない民間人を殺していくのですか。

フセイン　ああ、あんた、もう欧米《おうべい》に洗脳されてるわ、完全に。

酒井　いや。洗脳されていないですよ。

フセイン　うーん、駄目だ。もう、「人間に罪がある。罪がない」というように分けないでください。みんな、罪があるんだから。

酒井　いいえ、違います。あなたがたの大義を成すために、軍事的な戦いをやりたいのであれば、キチッと軍隊と戦うべきではないですか。

フセイン　「日本と、われわれが違う」っていうのは間違いで、一緒《いっしょ》なんだよ。「核《かく》兵器を持てなかった」ということ。「核兵器を持ってる国に滅《ほろ》ぼされた」っていうこと。これが一緒なんだよ。

酒井　では、「一般《いっぱん》人を狙《ねら》ったテロは正解である」ということですか。

フセイン　アメリカ人も、日本の一般人をいっぱい殺したわけよ。（日本は）核兵器を持っていないからね。

石川　そうですね。例えば、アメリカは、東京大空襲でもそうですし……。

フセイン　一般人を皆殺《みなごろ》しだろ？

石川　民間の輸送船も沈《しず》めたりしています。

フセイン　そうだろ？　許せないよな。

石川　日本はあくまで、対軍隊でしか戦っていません。

フセイン　そらあ、日本は理想だよ。だから、アラブの大義の延長上には、ほんとは、古来からの日本の武士道がある。今のジハードおよび自爆《じばく》テロは、日本の「侍《さむらい》の精神」に則《のっと》ってやってるのよ。

酒井　それは則っていないです。

フセイン　われわれは、日本に堕落《だらく》してほしくないのよ。

酒井　それは堕落ではありません。一般人を殺すのであれば、それこそが「侍精神」の堕落なんです。

イスラム教と『旧約聖書』に共通する「大量虐殺《ぎゃくさつ》の歴史」

石川　先ほど「マホメットを尊敬している」というような話もありましたが、マホメット様は、例えば、「ヤスリブの虐殺《ぎゃくさつ》」など、味方につかなかったユダヤ人を六千人ぐらい殺したりしているので、ルーツのところに、「敵は、民間人であろうと殺してもよい」という思想があるのではないかと思います。そこはいかがでしょうか。

フセイン　それはねえ、六千人だろうが。
　君、小さな話をしとるけどさあ、『旧約聖書』を読んでたら、「モーセがシナイ山に登って十戒《じっかい》を授《さず》かり、降りてきたら、自分が連れてきたユダヤ人たちが、子ヤギか子羊か何か（『旧約聖書』では子牛）の金の偶像《ぐうぞう》をつくって拝《おが》んどった。モーセは、それを見て怒《いか》り狂《くる》い、像を打ち壊《こわ》して、仲間を三千人殺した」と書いてある。あれは、ヒトラーとそっくりで、完全なジェノサイド（集団殺戮《さつりく》）だよ。完全に大量虐殺をやったんだ。身内を殺したんだよ。

石川　そうですね。ヨシュアも、神様から「征服《せいふく》した土地の人を皆殺しにしていい」と言われて、実際に、皆殺しにしています。

フセイン　モーセはおかしい。それで、もらった十戒の石板《せきばん》をぶち割って、もう一回山に入っているんだよな。

石川　はい。だから、「イスラム教徒だけが残虐だ」と言うつもりはありません。キリスト教徒にも、そういうところはあります。

フセイン　そうそう。みんなそうだ。「イスラエルが信じてる教えは、もっと残虐な教えだ」っていうことを知っといたほうがいい。

世界の正義は単に「強いか、弱いか」で決まる?

石川　ただ、最近は、民間人をなるべく殺さないようになってきていると思います。

フセイン　いやあ、そんなことはないよ。あそこ（イスラエル）は近代兵器で攻撃《こうげき》してくるじゃない？ そんなもんで、軍人だけを殺せるわけがない。街を攻撃したら、いっぱい死んでますよ。

石川 やはり、思想戦というよりは、単にパワーポリティックス（権力政治）で、「どちらが強いか」という世界に、キリスト教もイスラム教も、なっているのではないでしょうか。

フセイン そのとおりなんじゃないの？ 「世界の正義」なんて言ったって、結局、「強いか、弱いか」になってるんだと思うよ。だから、「その時点で、その宗教なり、その文化なりを信じている者が、優位にあるか、劣位《れっい》にあるか」によって決まる。やっぱり、勝ったほうが正義なんだ。

イスラエルだって、祖先は二回も奴隷《どれい》になってるぐらいだからね。

石川 もちろん、「アラブ世界にも正義はない」と思っています。

ただ、イスラムが中国と結んで、日本とアメリカの勢力を弱められると、「地球的正義」という観点からも非常に困るのです。

フセイン　ちょっと待った。じゃあ、イスラエルがアメリカと組んで、アラブ諸国を滅ぼしても構わないのか。

石川　「アメリカに正義があるか」と言えば、確かに、疑問はありますし、例えば、過去、アフガンやイラン、イラクなど、アメリカが助太刀《すけだち》したところは、その後、アメリカと敵対していっています。

アメリカの戦略がストレートによいとは限らないのですが、「アラブ世界が世界中に広がるのを防ぐ」という意味では、イスラエルとアメリカも大事なのではないかと思います。

フセイン　ベトナム戦争はどうだ？

石川　ベトナム戦争は話が違いますので……。

フセイン　ベトナム戦争以後について、アメリカは反省すべきなんだよ。

石川　イスラエルが、アラブ民族を皆殺しにすることに関しては、われわれも反対はします。

フセイン　反対してくれよ！

石川　ただ、あなたたちがイスラエル人を皆殺しにすることに対しても反対します。

フセイン　こっちは十三億人を超えているんだからね。向こうは殺したって、数百万人ぐらいだから、ユダヤ人虐殺の人数と同じぐらいしか住んでない。あとはユダヤ人と言ったたって外国に住んでるから。

「神の正義」から見てフセインは正しかったのか

酒井　ただ、最近、ビン・ラディンさんを呼んだのですが、彼は、死後、下の世界に堕《お》ちているのです。

フセイン　ああ……、そうか。

酒井　だから、「神の正義」は……。

フセイン　「神の正義」っていうのは、ちょっと、今、神は英語をしゃべっとるんだろう。

酒井　いえいえ。やはり、「神の正義」というものはあるわけです。そして、その判定としては、「正しくない」ということです。まず、手段のところが正しくないですよね。

フセイン　うーん、それはどうかなあ。

酒井　また、イスラム世界において、あなたは、ある程度、お金持ちであったわけですが、その他の人たちは、どうだったのですか。

フセイン　そりゃあ、細かい話や。

酒井　細かくないですよ。

フセイン　細かい。

酒井　国として、「貧しさの平等」というものが実現しているのかもしれませんが、それでよいのですか。

フセイン　それを言やあさ、あとから来たイスラエルなんか、小さい国のくせに、金回りは、ずいぶんええように見えるよ。

酒井　別に、お金があってもいいではないですか。

「アメリカを信用するとひどい目に遭《あ》う」という日本への忠告

フセイン　その金で、日本でも手に入らんような、近代化した欧米の武器を買って武装してる。これを絶対に問い詰《つ》めなきゃいけない。小国であるイスラエルが核武装をし、周りを皆殺しにしようとしたらできる状態にあるにもかかわらず、アラブのほかの国が核施設《しせつ》をつくろうとしたら、彼らは一方的に空爆する。

酒井　それは不公平ですね。

フセイン　このダブルスタンダードについて、アラブの人たちは許してないのよ。これは、絶対おかしい。

酒井　それは不公平なので、改善していかなくてはいけないと思います。

フセイン　今は、北朝鮮《きたちょうせん》だって完全に核武装して、日本人なんか、いつでも殺せる状態になったけど、それと同じ状態になってるんだよ。

酒井　確かに、不公平だとは思います。

ただ、あなたがたのやっていることのなかに、本当に正義があるのでしょうか。

フセイン　アメリカは二大政党で政権がコロコロ変わるから、しょっちゅう間違うんだよ。イランを支持したり、イラクを支持したり、あっちに行ったり、こっちに来たりして方針が変わり、前の政権がつくった政策を引っ繰《く》り返したりするので、信用できない国なんだよ。政策が変わるからね。

信じてたら、ほんとにえらい目に遭《あ》うから、君らは気をつけたほうがいいよ。「日本は、アメリカを信頼《しんらい》してついていきゃいい」と思ってたら、コロッと掌《てのひら》を返して、中国のほうについちゃうかもしらんからな。

「イスラム教国を攻撃《こうげき》しない中国」とは手を組める

酒井　もし、あなたが、ある程度、日本を模範《もはん》としていくのであれば……。

フセイン　うーん。

酒井　今、中国とあなたがたが組むことによって、アメリカの軍事力が中東のほうに持っていかれたら、日本は完全に滅びますよ。

フセイン　今、世界の二十五億人から三十億人ぐらいをまとめようとしているからね。

酒井　誰《だれ》がですか。

フセイン　だから、今、中国とイスラム勢力を全部まとめていくことで、世界の二十五億人から三十億人ぐらいをまとめようとしている。

酒井　あなたは、「中国と手を組める」と思っていますか。

フセイン　いや、実際、進んでるもん。

酒井　最も大切なのは信仰《しんこう》ではないですか。

フセイン　信仰？　じゃあ、ジハードでしょう？　ジハードを行うために、どこから武器の供与《きょうよ》を受けたって構わないじゃない？

酒井　彼らがイスラム教の信仰を受け入れると思いますか。

フセイン　中国は、少なくともイスラム教国を攻撃《こうげき》してませんよ。植民地にもしてない。

酒井　このまま、ずっと攻撃しないと思いますか。

フセイン　欧米はした。

石川　信仰はそれほど関係なく、単に「敵の敵は味方」ということですか。

フセイン　欧米は明確に攻撃して、殺して、植民地にして、奴隷化した。

アラブ諸国が核《かく》武装し、イスラエルを囲めば「抑止力《よくしりょく》」が効く

フセイン　言っとくけども、欧米は、イスラエルの核《かく》武装を認めて、「彼らだけを守れ」って言ってるが、やがて、周りのアラブ人を滅ぼしに入ってくると思う。これは間違いない。こちらも大量虐殺です。

一方、イスラエルのほうを滅ぼしたらどうなるか。まあ、滅ぼされることは悪いことだろうけど、結局、「両雄《りょうゆう》並び立たず」で、結論はどっちかになるんだよ。

石川　昨年、国連でも、パレスチナがオブザーバー国家として認められましたので、イスラエルも皆殺しにするところまではできないと思います。

フセイン　だからねえ、アメリカの力が弱まれば、そうなるんだよ。要するに、アメリカの力が落ちて、国連だけで行くと、イスラエルは、先制攻撃でアラブの国の主要な戦力を削《そ》いでしまわないといけなくなる。国連は弱小国の集まりだからね。

「アラブにだって正義はある」という言い方をすると、イランが核武装していいのなら、もちろん、サウジアラビアもしてもいいし、エジプトもしてもいい。そのよう

に、周りのイスラム教を信じる国のなかで、何カ国か核武装をした国が出てくるわけよ。

今は、イスラエル一国だけしか（核を）持ってない状態だが、何カ国かで囲むようになると、もし、イスラエルが、どっかの国を核攻撃したら、ほかの国から核攻撃できるようになる。そうなれば、十分に抑止力《よくしりょく》が効いてくるからね。

酒井　その話は分かりました。

フセイン　うーん。

6 「アラブの春」をどう見るか

今の民主化運動は、「統制者がいなくなる危険な動き」？

酒井 今、「アラブの春」という、民主化を求めた動きが起きているのは、ご存じですよね。

フセイン まあ、よくは知らんけど、独裁者と称《しょう》する人たちを倒《たお》して、なんか暴《あば》れてるらしいな。

酒井 あの動きについては、どう思われますか。

フセイン うーん、まあ、それは非常に危険な動きではあるわな。

酒井 なぜですか。

フセイン　だって、統制する者がいなくなってくるじゃないか。

酒井　統制？

フセイン　統制する人がいなくなるじゃない？

酒井　はあ。

フセイン　リーダーがいないじゃない？　リーダーがいない、あんな状態では、政治も経済もできませんよ。

酒井　ただ、「政治も経済もできない」と言っても……。

フセイン　とにかくねえ、「自分らが現在よくないのは、リーダーが一方的に悪人だからだ」みたいな感じで決めつけて、「それを倒しさえすればよくなる」と思うのは、原始的な、昔の革命思想だよ。

現代のイスラム社会は、なぜ発展しないのか

酒井　ただ、やはり、政治にも問題があるのではないですか。
例えば、なぜ、経済的な発展をしないのですか。中世のころには、あれだけ発展していたイスラム社会が、なぜ、今、発展しないのでしょうか。

フセイン　それが問題なんじゃないか。悪魔《あくま》の教えを信じている欧米《おうべい》のほうが発展してるのが問題だから、こういう戦いが起きるんだよ。

酒井　いや、中世のころも、キリスト教はあったわけですよ。

フセイン　うーん。

酒井　当時も、キリスト教とイスラム教はありました。今も同じ状態であるにもかかわらず、なぜ、現代のあなたがたは発展しないのですか。

フセイン　いや、それはねえ、あなたは、時代の一コマを取って言うてるのであって、

十字軍の時代だって、何百年もかかって戦ってるのに決着がつかなかったんですからね。時代の一コマを取れば、今、欧米が優位にあるけども、これを今、崩《くず》しに入ってるわけですから……。

酒井　もちろん、石油を持っている一部の人は大金持ちですよ。しかし、この富をどう使ったらよいのかについて、あなたに考えはあるのですか。戦争に使うだけではないのですか。

フセイン　うーん、なんかちょっと、君の教養は、少し足りないんじゃないかなあ。

酒井　うーん……。

フセイン　いやあ、小さい頭で考えすぎているような感じがするなあ。

「ジハードの思想」で国民皆兵《かいへい》制にすれば欧米《おうべい》に勝てる？

石川　少し話が戻《もど》るんですけれども、「イスラム教と近代化は両立しないのではないか」という説があります。これについては、どのように思われますか。

フセイン　いや、イスラム自体は「近代化」なんだよ。
　つまり、メッカの旧《ふる》い宗教を、ぜーんぶ〝お掃除《そうじ》〟して、近代化したんだよね。
石川　もともとは近代化だったと思うのですが、キリスト教が、心の内面の教えであるのに対し、イスラム教は、例えば、「スカーフを巻け」とか、「一日に五回礼拝《れいはい》せよ」とか、行動を規定する宗教なので、これがある限り近代化はできないと思います。
フセイン　（舌打ち）
石川　ですから、今のイスラム教のままでは、キリスト教には永遠に勝てないのではないでしょうか。そういう自己矛盾《むじゅん》に陥《おちい》っているのではないかと思われるんですけれども。
フセイン　そんなことはない。宗教としてのイスラム教は、ジハードの思想があるがゆえに聖戦《せいせん》ができる。国民皆兵《かいへい》制にして、国民全部を軍隊に変えることができる思想なので……。

酒井　軍隊は富を生みますか。

フセイン　いや、それは生まないけど、防衛のためだったら、しかたないじゃないですか。国が滅《ほろ》びるんだったら、戦わなきゃいかんでしょう。

酒井　ただ、それはあなたの視点であって、「アラブの春」で民主化を求めている人たちは、もう少し豊かになりたいと思っているわけですよ。

フセイン　「豊かになりたい」というよりも、今は、失業してるんじゃないの？

酒井　はい？

フセイン　今、暴れてる人たちは、失業してるんじゃないの？

酒井　ですから、失業している人を、どうやって職に就《つ》かせるのですか。どうやって経済をつくり出すのですか。

フセイン　だけど、独裁者を追い出しただけでは駄目《だめ》でしょう？　結局。

酒井　駄目ですけれども……。

フセイン　要するに、そういう人材が、国にいないんでしょう?

酒井　はい。

フセイン　国をうまく運営できるだけの人材がいないんでしょう?

酒井　「それはイスラエルを滅ぼせば可能だ」と言いたいのですか。

フセイン　うーん、まあ……。

酒井　あなたの言っていることは、イスラエルの問題とは別だと思いますよ。

フセイン　いや、イスラエルには、欧米《おうべい》に存在するユダヤ資本がそうとう梃《てこ》入れしているからね。それで豊かになってる面はあるからね。

「神の下《もと》の平等」を説くイスラム教は共産主義に似ている

酒井　あなたの所属していたバース党には、社会主義的な思想も入っていますよね。

フセイン　うん、そりゃそうだ。
酒井　あなたは、社会主義について、どう思いますか。
フセイン　うーん、まあ、イスラム教の根本《こんぽん》を探《さぐ》っていけば、やはり「平等」に行くんじゃないかなあ。だから、その意味で近いんじゃないかなあ。
酒井　そちらのほうが正しいと思いますか。
フセイン　つまり、アッラーがいて、あとは、もう、みんな平等だからね。「神の下《もと》の平等」っていうのを、はっきり言っているのはイスラム教だろう？　だから、共産主義によく似てるんじゃない？
酒井　しかし、中国は、ＧＤＰが世界二位と言っても、実は、共産党の執行部《しっこうぶ》だけがかなりのお金を持っていて、あとは貧しいわけです。
フセイン　でも、あいつらは認めないだろう？

酒井　ああいうのがよいと思っているわけですね。

フセイン　いや、認めないだろう？　中国の執行部は「金を持ってる」なんて、認めないだろう？

酒井　それは認めないですが、一人当たりのGDPを見ると……。

フセイン　まあ、そういうのと、アラブの政治家や大統領たちが資産を隠《かく》しているのを認めないのは一緒《いっしょ》だよ。やっぱり認めないよね。

酒井　それは、社会主義的に見ても、よいことなんですね。

フセイン　いやあ、思想的にはねえ、ほんとはプロレタリアート（労働者階級）が国家をつくることになっておって、その代表者が統治をしてることになってるんだろうから、彼らは「同志」ということになってるわけだ。

だから、ほんとは同じ仲間でなければならないのに、権力の座に就くと、やっぱり、旨《うま》みが出てきて、いろんなことができるもんな。自分たちで法律をつくれると、何でも可能だからねえ。長くやれば、そういう旨みを吸うやつが出てくるっていうことだよね。

ただ、そういう二大政党制だの多党制だのにしなきゃいけないものかどうかについては、必ずしも分からない。

昔の君主制、王制のときだって、いい王様のときはうまくいくけど、王様が悪ければ反乱が起きたりしたものだ。王様の制度でも、いい王様が生まれれば、よくなる場合もあったわけなので、それは「名君かどうか」によるよ。

7　フセインが明かす「九・一一」の真相

イランのホメイニ師については、「顔も考え方も好きでない」

酒井　もう一つ訊《き》きたいことがあります。あなたには、イスラム原理主義者のホメイニ師とのつながりはありますか。ホメイニ師のことを、どう思われますか。

フセイン　うーん……。まあ、ホメイニ以降、ちょっと難しくはなったねえ。

酒井　ホメイニ師には、アルカイダなどのテロとのかかわりはあるのですか。

フセイン　まあ、基本的には、あるんじゃない？

酒井　あなたも、テロ組織と関係があるんですよね。

フセイン　うち（フセイン政権）はスンニ派だったからねえ。ちょっと宗派が違《ちが》うので、何とも言えない。イスラムは、スンニ派とシーア派に分かれていて、シーア派がイランをつくってるんでね。うちらのほう（フセイン政権）は、スンニ派が優勢で、シーア派は少数しかいない。

シーア派は、アラブ全体のなかでは少数派で、スンニ派のほうが多いんだよ。まあ、考えに少し差はあるので、原理主義と言っても、本当に一本かどうか、分からないところはあるわなあ。

酒井　霊界《れいかい》で会われたりはしないのですか。

フセイン　ホメイニ？

酒井　はい。

フセイン　あんまり好きでないなあ。

酒井　なぜですか。

フセイン　うーん、何となく顔が好かんな。

酒井　（苦笑）顔はともかく、考え方についてはどうですか。

フセイン　顔が好かん以上、考え方も好かんだろうなあ。

酒井　（苦笑）考え方もですか。

フセイン　（手元の資料の顔写真を見ながら）わしはさあ、写真を撮《と》ると、すごく温厚ないい感じの人じゃないですか。

酒井　うーん……。

フセイン　これはもう、憧《あこが》れるなあ。

酒井　あなたは、自分にほれているわけですね。

フセイン　こういう温厚な大人物だったら、中国人でも愛してくれるし、日本人でも愛してくれるだろう。

クウェート侵攻《しんこう》でアメリカが怒《おこ》るとは思っていなかった

石川　イランのパーレビ皇帝《こうてい》が、アメリカから援助《えんじょ》を受けて近代化しようとしていたのを、ホメイニがぶち壊《こわ》したわけですが、そのあと、イラクが、「今までのパーレビ帝の代わりに、うちがペルシャ湾《わん》の憲兵を引き受けましょう」というように、アメリカと交渉《こうしょう》したんですよね。

フセイン　まあ、そうです。はい。

石川　ですから、あなたは、どちらかというと、思想などどうでもいいんですよね。

フセイン　いやあ、もともとアメリカが戦争を仕掛《しか》けてくるとは思ってなかったから、そういうつもりはなかったよ。「あんなちっこいクウェートぐらいを、ちょっと、うちの管理下に置いたって、怒《おこ》らない」と思った。

これは、言ってみれば、中国がさあ、台湾《たいわん》を取るか、沖縄《おきなわ》を取るか、尖閣《せんかく》を取るかは知らんけど、「どこかのちっこい島を取った」ということだけで、国ごと戦争を仕掛けてくるという話と同じ……。

酒井　しかし、クウェートには石油の利権もたくさんあったわけですからね。

フセイン　いやあ、尖閣にだって、なんか、そんなものはあるんだろう？

酒井　だから、そういう所を取ったら、普通《ふつう》は怒るのではないですか。

フセイン　そうは言うたってさあ、中国人民は増え続けとるだろう？　人口が増えたら、やっぱり貧しくなるじゃないの。そうすると、何か富を生まないといかんわけだから、上の人も必死なわけよな。

酒井　富を生んでも、自分たちがお金を持って、そのまま他国に逃《のが》れたりしています。

フセイン　わしは、そんなに贅《ぜい》を尽《つ》くしたつもりはないよ。それは、日本の大富豪《だいふごう》の企業家《きぎょうか》のほうが、よっぽどええ思いをしとるんじゃないかなあ。アメリカは、当然、もっと上を行ってて、アメリカの富豪も、ええ思いをいっぱいしてるから、決して、わしらだけが非難されるような覚えはないと思うがなあ。

酒井　うーん……。まあ、分かりました。結論から言うと、あなたは、「アルカイダに対して親和性を持っているし、支援もしていた」ということですね。

フセイン　まあ、つながりはあったな。

フセインが計画し、ビン・ラディンが実行した「九・一一」

酒井　「九・一一」に関しても、あなたはかかわっていて、実は、事前に知っていたんですよね。

フセイン　やっぱりさあ、「ブッシュの息子《むすこ》が大統領になる」っていうことは、民主主義に反するよな。こういうことは、よくない。

あの親《おや》ブッシュっていうのは悪王で、間違った戦争をしてイラク国民を苦しめに苦しめた。そういう悪王を、やっと、アッラーの思《おぼ》し召《め》しにより、何とか引退させることができたのに、あんなふうに、また息子が出てくるっていうのは……。

酒井　「九・一一」の計画に関して、あなたは、何か相談を受けましたか。

フセイン　何を？

酒井　ビン・ラディンから。

フセイン　うーん……。「相談を受けた」という言い方は、ちょっと……。

酒井　あなたが計画したのですか。

フセイン　「相談を受けた」という言い方は、ちょっと私には分からないんだけど、こういうのを「相談を受けた」という言い方をするのかなあ。

酒井　あ、二人で計画したのですか。

フセイン　いや、二人で計画したっていうか……。

酒井　あなたが計画した？

フセイン　いやあ……。まあ、何と言うかねえ、勝海舟《かつかいしゅう》と坂本龍馬《さかもとりょうま》の仲みたいなもんだからねえ。もう、そんな仲だからさあ、「相談した」っていうようなもんじゃないんだよなあ。

酒井　「一体だ」ということですか。

フセイン　うーん、まあ、わしが勝海舟で、ビン・ラディンが坂本龍馬みたいなもんだな（注。勝海舟や坂本龍馬の生まれ変わりという意味ではない）。

酒井　では、あなたのアイデアだと？

フセイン　うん。まあ、そういうことだな。それで、実行したのが「あっち」っていうことかな。

ブッシュやオバマは間違っていたのか

酒井　あの「九・一一」で、いちばん大喜びしたのは、あなたですか。

フセイン　うん。まあ、そういうことだわな。最終的に、いちばん、利益がこっちに来るわな。

酒井　それでは、ブッシュが怒《おこ》るのは当たり前ですね。

フセイン　そりゃあ、ブッシュを倒《たお》すためにやってるんだから、当たり前だろうな。ホワイトハウスに突《つ》っ込《こ》むことさえできたらなあ。あれが失敗したのが残念だな。

酒井　そうすると、オバマが、「大量破壊《はかい》兵器はなかった」と言ってブッシュ（共和党）を叩《たた》きましたが……。

フセイン　オバマも間違ってるのよ。だから、両方、正しくもあり間違ってもいるわけだ。

酒井　アラブ側としては、「オバマはいい感じで間違ってくれている」ということですか。

フセイン　「オバマは、まもなく、イスラム教徒に改宗するだろう」と、私たちは祈《いの》ってるんだよ。

酒井　オバマは扱《あつか》いやすいわけですね。

フセイン　「イスラム教徒になるんじゃないか」と、祈ってるよ。行く方向が、だんだん、そちらに向いて、近づいている。

酒井　要するに、あなたがたにとってメリットのある人間だということですね。

フセイン　父親はイスラム教徒だもんね。しょうがないよね。彼はイスラム教の学校に通ってたんだからさあ。隠《かく》せないじゃん。

8　霊界《れいかい》で進む「地下の抵抗《ていこう》運動」

アラブ社会を守るための「盟主」が必要

酒井　あなたは、今後、アラブ社会をどのようにしていきたいと思っていますか。

フセイン　アラブ社会……。いちばん大事なことはねえ、あなたがたが北朝鮮《きたちょうせん》の脅威《きょうい》から国を守ろうとしておるように、まずはイスラエルの核攻撃《かくこうげき》や大量破壊《はかい》兵器による攻撃からアラブ諸国を守るための同盟をつくらなきゃいけない。

そのためには、盟主が必要だ。「どこがアラブの盟主になるか」っていうことが、今、大事なんだけども、まあ、イランも今は一触即発《いっしょくそくはつ》だし、エジプトは乱れに乱れてるし、カダフィも逝《い》ってしもうたし、いや、困ってるわけよ。

だから、「これは陰謀《いんぼう》でないか」と思って、みんな疑ってるのよ。「ＣＩＡ系の陰謀で、それぞれの国を弱くしてるんじゃないか」と疑ってるから、デモだの革命だのと言うて、無条件に喜ぶわけにはいかないところがあるな。

酒井　では、それを、どのように変えていきたいのですか。

フセイン「独裁者」と言うかもしらんけども、そういう権力を持っている人がいたら、彼ら同士で話し合って、だいたいのことはできるからね。

酒井　アルカイダなどは、どのように使おうと思っていますか。

フセイン　うん？　アルカイダ？　まあ、資金力が必要だよなあ。今のところ、資金の根を断《た》とうと、一生懸命《いっしょうけんめい》やられてるわなあ。

酒井　その資金のルートは、ほぼ中国一つですか。

フセイン　そんなことはなくて、やっぱり、イスラム教を信じる者のなかにも応援《おうえん》してる者はいる。

酒井　主に、どういう国ですか。

フセイン　つまり、維新《いしん》の志士たちをかくまった京都の人たちのような者がいるわけだよ。

酒井　国としては、どこが中心になっていますか。

フセイン　うーん……、それを言うのかあ。

うーん、まあ……、みんなアメリカが恐《おそ》ろしくて、協力してないように見せてるところがだいぶあるわけで、アメリカが恐ろしくなかったら、もっとはっきりとした援助とかをしてくれるところは、いっぱいあることはあるんでねえ。

今、彼らが考えてることは、「欧米《おうべい》の豊かな金を吸い取って、逆に自分たちの力に変えよう」ということなのよ。中国が、アメリカや日本と取り引きをして豊かになって、アメリカや日本の仮想敵になりつつあるように、欧米の資本を抜《ぬ》き取って、逆に豊かになろうとしていることは事実だよな。

日本には、「アメリカに意見を言って産油国を守ってほしい」

酒井　そういうなかで、日本はどういう立場を取ればよいと考えていますか。

フセイン　日本は、やっぱり、油を守らないといかんだろうね。

酒井　それは、「油を買う」ということですか。

フセイン　そういうことです。

酒井　あなたから？

フセイン　いやいや、産油国を守らなきゃいけないわね。

酒井　産油国を守る？

フセイン　うん。

酒井　しかし、軍隊は送れません。

フセイン　いやあ、「産油国を守る」というのは、アメリカに対して意見を言えばいいわけよ。

酒井　うーん。

フセイン　「アメリカは、不公正にイスラエルを支援し、ダブルスタンダードでもってアラブの民《たみ》を苦しめている」と。まあ、あなたが言うように、今、貧しくて後《おく》れてるのかもしらんけど、「そんな貧しくて後れている民を、先進国がいじめるのはよくないのではないか」ということを、やっぱり言わないとね。

日本をヒトラーの仲間に仕立て上げるのが「歴史問題」の狙《ねら》い

酒井　ただ、日本人を平気で殺していくような人たちに対して、援助などできないでしょう。

フセイン　いや、それはねえ、十人ぐらい死んだって、そんなのは、殺そうと思って殺したうちに入らないのよ。

酒井　そういう問題ではありません。

フセイン　アメリカがイラクに来て殺した人数なんて、数えることができないほどなんだよ。

酒井　しかし、日本はあなたがたに対して、そういうことをしましたか。

フセイン　ええ？　いや、だから……。われわれが受けたのは、東京大空襲《だいくうしゅう》や、「広島」「長崎《ながさき》」と同じことだよ。

酒井　それは、あなたがたが言うことではありません。

フセイン　あれと同じぐらいの人数なんだよ。

酒井　日本は、あなたがたに対して、何か悪いことをしましたか。

フセイン　要するに、日本を悪人にするために、「南京《ナンキン》大事件があった」だの、「従軍《じゅうぐん》慰安婦《いあんふ》があった」だのと言うて、とにかく、ヒトラーの仲間にしようと、一生懸命に仕立て上げられてるんですよ。

酒井　それは分かります。

フセイン　「そういうところの肩《かた》を持つ必要はない」って言ってるのよ。

酒井　それは分かりますが、それと、あなたがたが日本人を殺すこととは関係ありません。

フセイン　欧米人は、わしをヒトラー扱《あつか》いしたくてしょうがないんだけど、実際は、ヒトラーとは違《ちが》うんだから、しょうがない。

「対イスラエル」で霊界《れいかい》のヒトラーとつながっているフセイン

酒井　だけど、「フセインが自分のところに来た」と、ヒトラーは霊言《れいげん》で言っていましたよ（『国家社会主義とは何か』〔幸福の科学出版刊〕参照）。

フセイン　ああ、そうだったの？　ふん、そんなことを言ったかなあ。おかしいな。それはおかしい……。

酒井　あなたは、ヒトラーとつながっているのでしょう？

フセイン　まあ、ユダヤ人というか、イスラエルに対する攻撃のところはつながってるのかなあ。

酒井　つながっているでしょう？

フセイン　うーん……。

酒井　ヒトラーは、霊界《れいかい》で、あなたが挨拶《あいさつ》に来たようなことを言っていました。

フセイン　だ、だ、イエ……、イエスがけしからんのだよ。イエスが、もしムハンマドほどの力を持っていれば、ユダヤ人をもう皆殺《みなごろ》しにしてたはずなんだよ。

酒井　いやいや、そういう問題ではないでしょう。

フセイン　（イエスは）自分のほうが殺されてしまって……。

酒井　あなたは、中国の毛沢東《もうたくとう》ともつながっているのではないですか。会ったことはありますか。

フセイン　「毛沢東とつながってる」って……。

酒井　あの世で、中国人たちとは、あまり会ったことはないのですか。

フセイン　いやあ……、うーん……。

今は地下に潜《もぐ》って「欧米《おうべい》への抵抗《ていこう》運動」をしている

フセイン　いやあ、今ねえ、世界は光と闇《やみ》に分かれてるのよ。

酒井　あなたはどちら側ですか。

フセイン　私たち〝光の勢力〟は、今、地下に潜《もぐ》って、抵抗《ていこう》運動をやってるのよ。まあ、宇宙人から攻《せ》められてるようなものなので……。

酒井　はあ。

フセイン　まあ、例えばな。

酒井　その敵は、どういう人たちですか。

フセイン　空から攻めてくるからなあ。

酒井　どういう人たちですか。

フセイン　空軍を持ってるやつらだよ。

酒井　それは誰《だれ》ですか。

フセイン　空軍を持ってるやつら。欧米《おうべい》だよ。

酒井　欧米ですか。

フセイン　うん。

フセインと霊界《れいかい》でつながっていた日本の民主党政権

酒井　あなたが言う〝光の勢力〟のなかには、今、どういう人たちがいます?

フセイン　ええ？　それは、もう……。

酒井　地下に潜っているのは、どういう人たちですか。

フセイン　それは、もう、日本の半分ぐらいと……。

酒井　日本の半分もいますか。

フセイン　半分はいますよ。

酒井　あなたは、どういう人と交流がありますか。

フセイン　前回、政権を持ってたじゃないですか。

酒井　え？

フセイン　ついこの前、引っ繰《く》り返ったところですけど……。

酒井　ああ、あの人たちですね。私が訊《き》いているのは霊界《れいかい》での話です。

フセイン　だから、民主党政権は、私たちとつながってるんじゃない？
酒井　味方ですか。
フセイン　味方ですよ、当ったり前じゃないですか。
酒井　ああ。
フセイン　中国の味方だし、北朝鮮の味方だし、もちろん、われわれの味方ですよ。

9 サダム・フセインの過去世《かこぜ》を探《さぐ》る

日本には「足利尊氏《あしかがたかうじ》」「火之迦具土神《ほのかぐつちのかみ》」として生まれた

酒井　ところで、あなたは、日本に生まれたことがありますか。

フセイン　ありますよ。

酒井　過去の霊査《れいさ》では、「足利尊氏《あしかがたかうじ》として生まれた」ということになっていますが、それは本当ですか。

フセイン　ほんとです。

酒井　本当ですか。

フセイン　ほんとです。（足利尊氏も）悪人にされてるでしょ？

酒井　はい。

フセイン　そういう分かりにくい性格なんですよ。

酒井　なるほど。

さらにその前を言えば、火之迦具土神《ほのかぐつちのかみ》であるのは事実ですか。

フセイン　ああ、昔、生まれたねえ。

酒井　それも事実ですか。

フセイン　そうだね。

酒井　正直に言っていただきたいのですが、本当にそうなんですか。

フセイン　うん、そうだよ。戦争の神だよ。

今、「地獄《じごく》」にいる理由は、恨《うら》んでいる人が多いため

酒井　その神様が、なぜ、今、「地下」にいるのでしょうか。

フセイン　いや、日本神道《しんとう》と、あちらのほうの砂漠《さばく》地帯とは、つながってるんだよ。

酒井　当会の「ノストラダムス戦慄《せんりつ》の啓示《けいじ》」という映画は、ご覧になったことがありますか。

フセイン　（苦笑）まあ……、観《み》たことにしてやってもいいよ。何となく分かってるから。

酒井　あの映画では、かなり酔《よ》っ払《ぱら》っていて、とんでもない神様でしたが。

フセイン　うん。だから、まあ、神様にも種類はあるのよ。

酒井　うーん。

フセイン　上品な神様、教えを説く神様、それから、暴《あば》れ神、荒神《あらがみ》様もいて、そうい

う土木工事系の神様みたいなのは、戦争なんかをするわけよ。だけど、神様がいつも勝つわけではなくて、負ける場合もあるんだよ。まあ、そういうことがあるのよ。

酒井　今、あなたがいる世界は、日本的に言うと、おそらく「地獄《じごく》」という世界だと思うのですが、なぜ、そこにおられるのですか。

フセイン　うーん。まあ、そうなのかもしらんけど、恨《うら》んでる人が、まだ多いのかもしれない。

イラクの人だって、アメリカを恨んではいるんだけど、戦後の日本人と一緒《いっしょ》で、恨みをためているわけでね。今、六十七年か七十年かたって、沖縄《おきなわ》が「アメリカは出ていけ！」って言ってるんでしょう？

一九四五年にアメリカに占領《せんりょう》されて、まだ米軍が駐留《ちゅうりゅう》してる。だから、「もう出ていけ！」って言ってるんだろう？　彼らにとっては、中国に占領されることなんかは念頭になくて、「アメリカに占領されたままだ」っていう気持ちがあるから、まず、そちらのほうを追い出そうとしてるわけよ。
だけど、本土の人には、それが分からない。だろ？　まあ、そういうことなんじゃないの？

日本神道系《しんとう》では「軍神《いくさがみ》」の須佐之男命《すさのおのみこと》に近い

酒井　あなたには、日本神道系《しんとう》のなかで、どなたか、つながりのある神様はいらっしゃいますか。

フセイン　「日本神道系の神様でつながっている」っていうのは、どういう意味だろう。

酒井　何か縁《えん》のある方とか、親しい神様とか。

フセイン　うーん……、うーん……。

酒井　追い出されましたか。

フセイン　うーん。まあ、須佐之男《すさのお》系に近いのかなあ。

酒井　須佐之男命《すさのおのみこと》と親しいのですか。

フセイン　うん、近いかもしれない。

酒井　お話しされたことはあるのですか。

フセイン　うん。どっちかと言えば、あれも軍神《いくさがみ》のほうだから、あちらのほうにちょっと近いかなあ。

酒井　それは昔の話ですよね。

フセイン　昔ですけど。

酒井　最近、話したことはないですよね。

フセイン　最近はないよ。

酒井　最近は、もう日本神道系とは切れていますよね。

フセイン　うーん……。いやあ、でもねえ、神道系ではないけども、イラクの大統領の前に、イラクではないんだけど、トルコあたりで、なんか革命運動をやったような気はするなあ。なんか、明治維新《いしん》にすごく触発《しょくはつ》されたような感じがある。

石川　トルコの大統領には、確か、明治帝《てい》の写真を飾《かざ》っていた人もいましたが……。

フセイン　そうなんだよ。なんか、明治維新にすごく憧《あこが》れたような感じはあるなあ。

石川　日露《にちろ》戦争での日本の大勝利を、非常に喜ばれたと言われています。

フセイン　ああ、まあ……。

10 「テロ」を肯定《こうてい》し続けるフセイン

「日本の危機」に対してアドバイスする余裕《よゆう》はない

酒井　あなたは、現在の日本に対して、どのような心情を持たれていますか。

フセイン　私は親日家ですよ、もとから。

酒井　日本の危機に対して、何かアドバイスはありませんか。

フセイン　危機って、何の危機？

酒井　今、日本は危機に直面しているんですけれども……。

フセイン　何？　何の危機なの？

酒井　中国や北朝鮮《きたちょうせん》の問題です。

フセイン　まだ何もやってないじゃない？
酒井　いや、やっていなくても……。
フセイン　まだホースで水をかけてるんだろう？
酒井　あなたは、そういうレベルでしか認識していないかもしれませんが、これが進んでいけば、もっと大きな攻撃《こうげき》が来ることになるはずです。
フセイン　本当の攻撃っていうのは、十万人単位で人を殺すところまで来ないと……。
酒井　要するに、あなたは、日本について、あまり考えていないわけですね。
フセイン　（舌打ち）考える余裕《よゆう》があるわけないでしょう？　この状態で。あなた、何考えてるのよ。
酒井　（笑）
フセイン　日本は、私の助命を求めてくれましたか。

酒井　はい？

フセイン　幸福の科学の思想が広がっていて、「昔、日本人だった人だから、助けてやってくれ」っていう助命運動を、あんたがたはしてくれましたか。

酒井　ただ、「あなたに、正義が本当にあったかどうか」という面はありますよね。

アメリカの正義のなかにも「悪」や「嘘《うそ》」はある

フセイン　だけど、「完全な正義」や「完全な悪」っていうのはないわけで……。

酒井　まあ、それは、そうだとは思います。

フセイン　アメリカの正義のなかにだって、やっぱり悪はあるわけですよ。

酒井　ええ。

フセイン　ベトナムの農民を、いっぱい撃《う》ち殺したし、枯葉剤《かれはざい》を撒《ま》いて、農民を苦しめて殺していった。

あるいは、焼夷弾《しょういだん》をいっぱい撒いたこと？　あれは、日本にやったことだよ。焼夷弾とか、日本にやったことを、ベトナムにもやったわけだ。ああいうことをやっても懲《こ》りない。アメリカは反省してないからね。日本に対しては、「完全な正義が勝利した」と思ってるから、ベトナムにも同じことをしたんだろう？

確かに、「ベトナムの共産化は悪だ」と認定して（戦争を）やったけど、共産主義を選ぶなり、自由主義を選ぶなり、それはベトナム人の自決（の問題）だろう？　それで、「共産主義が悪い」と思って、今は変わってこようとしてるんだろう？　結局、そういうことなんだろうからね。

石川　アメリカは、第二次大戦を、「ファシズム対民主主義」というレッテルを貼《は》って行いましたが……。

フセイン　うん。そう言ってるけど、そのなかに嘘《うそ》はある。

石川　実際には、日本のなかにも正義はあったと思うのです。

フセイン　だから、嘘はあったと思うよ。

酒井　それはそうですね。

フセイン　「完全な百パーセントの正義」対「完全な悪」ではない。

石川　われわれも、軍隊を持っていないと、どうしてもアメリカの言いなりになってしまうと思います。

フセイン　ただ、私も、強盗《ごうとう》や泥棒《どろぼう》のレベルではなくて、やはり、何千万かの国民を治めるレベルまで来てた人だから、そんな、「アリババと四十人の盗賊《とうぞく》みたいな政権だった」というような言われ方をされると、それは、ちょっとねえ……。

「テロは正規軍を持たない弱者の戦い方だ」という主張

酒井　ただし、気になるのは、テロのところです。

フセイン　うん。

酒井　イスラム教とテロとは違《ちが》うと思うんですよ。

フセイン　それはねえ、そういう言い方もあるけど、君ねえ、それは「弱者」ということなんだよ。単にそれだけのことだ。「正規軍で戦う」といっても、ないんだよ。

酒井　ただ、イスラム教の「ジハード」という言葉を利用しすぎていると思いますよ。

フセイン　いや、ちょっとジハードの思想ではない部分があって、それは、日本の「斬《き》り込《こ》み突撃《とつげき》」や「バンザイ突撃」なんだよ。あとは、「神風特攻隊《かみかぜとっこうたい》」のまねをしたから……。

酒井　それも違います。

石川　あなたには、「アラブ連合をつくる」という大義名分はあったと思うのですが、ただ、ほかの国が十分についてこなかったところを見ると、やはり、あなたがテロを肯定《こうてい》したり、反対派の粛清《しゅくせい》やクルド人虐殺《ぎゃくさつ》など、ほかのイスラム教徒が同意できないようなやり方をしたところがあるのではないでしょうか。

フセイン　まあ、「アラブ連合」と言いつつ、「(イラクが)盟主になって、逆に支配するのでないか」という恐《おそ》れを感じていたところはあるんだろうな。われわれの世界では、歴史的に、勝ったら、すぐ相手を奴隷《どれい》にしてしまうからね。

石川　手段の相当性を考えないと、地獄《じごく》に行くことになってしまうと思うのです。

フセイン　わしをバカにしちゃいけないんだよ。君ねえ、イラクが負けてることを、CNNを観《み》ながら把握《はあく》してたぐらいの理解力はあったんだからね。君、バカにするんじゃない。

サラディンとフセインの違《ちが》いは「精神性」

石川　私たちは、大川総裁の教えをもとに、日本も、核《かく》兵器や軍隊を整備して……。

フセイン　そうしたら、君、幸福実現党から首相が出たら、それが「サダム・フセイン」になるなあ。

石川　いやいや（笑）。

酒井　それはなりません。

ちなみに、サラディンという方は、東郷平八郎《とうごうへいはちろう》として生まれ変わっているんですよ（『中東で何が起こっているのか』〔幸福の科学出版刊〕参照）。

フセイン　あ、そうなの?

酒井　そうなんです。

フセイン　ああ……。

酒井　サラディンは、その霊言《れいげん》で、「サダム・フセインとは精神性に違《ちが》いがあるのだ」と言っておられました。

フセイン　あら、そんなことを言うとるのか。

酒井　はい。

フセイン　ずいぶん冷たいじゃないか。わしは、サラディンを尊敬しとるのに。自分ではサラディンのつもりでやっとったのよ。

酒井　やはり、あなたには、まだ精神性に足りないところがあるんですよ。

フセイン　うん。まあ、それは、やっぱり、何ていうか、アラブの核兵器みたいなところなんじゃないの？　いまいちすっきりしないっていうのは。

石川　そこが、あなたが国民やほかの国から押《お》し上げられなかった理由ではないかと思うのですが。

フセイン　私にはねえ、何となく、商人的なところがちょっとあるのよね。商売人のところが少しあるからなあ。

石川　サラディンには、騎士道《きしどう》精神や、本当の意味でのイスラム教の精神があったのではないでしょうか。

フセイン　うーん、ちょっと商売人みたいなところがあるから、毀誉褒貶《きよほうへん》は昔からあるのよ。

幕府を開いたら、普通《ふつう》は名誉《めいよ》なことなのに、足利尊氏《あしかがたかうじ》は、「希代《きたい》の悪人で、天皇家から権力を奪《うば》った」というような言い方をされるし、昔、神様で生まれても、母親を地獄に送ったような言い方をされてるし……。

酒井　足利幕府も、やはり十分な大義が立たなかったのではないでしょうか。

フセイン　まあ、そういうところはあるのかもしらんけど、「武士の政権を続ける」ということが大義であったんでなあ。

酒井　うーん……。

「理念よりも、儲《もう》かればいい」という実務家型の人間

石川　やはり、思想性が少し足りないために、結局、今世《こんぜ》もうまくいかなかったのではないでしょうか。

酒井　聖徳太子《しょうとくたいし》以来、中国に対しては朝貢《ちょうこう》外交をしないで、対等外交をしていたのに、足利幕府になってから、中国に朝貢外交をし始めたんですよ。あなたのあとの代かもしれませんが。

フセイン　まあ、金が儲《もう》かるなら、いいじゃないか。

酒井　そういう節操のない、国を売るようなものの考え方が多少入っているわけですね。

フセイン　わしは、理念中心の人間ではなくて、実務家なんでね。

酒井　「儲かればいい」とか、「勝てばいい」とかいう考えですか。

フセイン　うん。国力を強くしたら、そのあとは、どう変節しようと自由じゃないか。

酒井　ただ、それも、後の世界には、大きな禍根《かこん》を遺《のこ》すわけですよ。

フセイン　いやあ、それはねえ、現代的にはイノベーションなんだよ。イノベーションの原理を内に秘めた指導者なんだ。

酒井　でも、ビジョンのないイノベーションというか、大義のないイノベーションをやってはいけないんですよ。

フセイン　うーん、まあ……。

フセインの大義は「日本の大東亜共栄圏《だいとうあきょうえいけん》」と同じだったのか

石川　最終的に、あなたの銅像が壊《こわ》されたのは、やはり、あなたの人望のなさが表れたからだと思います。

フセイン　うーん、悔《くや》しいけど、国力に差があったことは事実だよ。だから、「日本対アメリカの戦い」と一緒《いっしょ》なんだよ。日本にも大義はあったつもりだろうし、大東亜帝国《だいとうあていこく》の共栄圏《きょうえいけん》をつくろうとしたんでしょう？　アラブの連盟をつくろうとしたのも、同じようなものだったんだけど、国力に差があったからさ。

石川　日本の場合、そのあとで植民地が解放されているので、あなたよりは、ずっと大義はあったと思います。

フセイン　アメリカはねえ、うちがクウェートを取ったからって、それを大義名分にして攻《せ》めるんだったらねえ、グアムを返せ！　ハワイを返せ！　ちゃんと取っとるじゃないか。

石川　そうですね。アメリカの正義にも足らざるところはあると思います。

フセイン　それは、やっぱり、得手勝手《えてかって》だよな。得手勝手だよ。

石川　私たちは、大川総裁の教えをもとに、本当の意味での「正しさ」というものを、地上に打ち立てていきたいと思っております。

フセイン　おそらくは、幸福度の違いを言うとるんだろう。まあ、欧米《おうべい》から見れば、イスラムの世界の人たちは、すごく人権が低くて圧迫《あっぱく》されているように見えてる。「その根源に宗教があって、宗教が法律と一体化して旧《ふる》くなってるために人権が守れないから、これを何とかして揺《ゆ》さぶらないといかん」と思ってるんだろうけどね。だけど、やっぱり、大量の人殺しを許すわけにはいかんわなあ。

アメリカは、日本人を「イエロー・モンキー」と言って、大量に殺したんだろう？「やつらは人間じゃないから、いくら殺しても構わないんだ。イエロー・モンキーなんだ」っていうことで、丸焼きにしてたんだから、それと同じような差別観は持っとるよ。

それは、やっぱり直すべきだよな。そのためにオバマは出たんだろう？　オバマは、次に、イスラム教に改宗したらよかったんじゃないの？　それから、モルモン教（ロムニー）でもよかった。モルモン教でもキリスト教国は滅《ほろ》びただろうから、どっちでもよかったんだけどもね。

「テロの軍資金」のために密輸や誘拐《ゆうかい》を行うのは正しいか

石川　ただ、アフリカでテロが多発すると、やはり、アメリカは、そちらに……。

フセイン　いや、貧しいとねえ、争いが起きるのよ。やっぱり豊かにならないとねえ。

酒井　一部の富を、どうやって、その貧しい人のところに分けるのですか。

フセイン　一部も何も、もともと大してないのよ。分けるほどはないんだけど、片方で、百倍以上富んでる国が地球上にあるわけよ。それは不公平じゃないか。

酒井　ただ、ドバイなどでは、税金をほとんど取らないのではないですか。

フセイン　国内だけで、何ていうのか、税金の再分配？　そういう累進《るいしん》課税をするのは悪い。「国際累進制」で再分配をすべきだよ。そうしたらよくなるわ。うん。

石川　テロリストをしている限り、国際社会は非難囂々《ひなんごうごう》で、お金はもらえないと思います。

フセイン　いや、勘違《かんちが》いしてほしくない。テロがしたくてテロリストをしてるんじゃなくて、正規の軍隊と戦いたいけど、正規の軍隊がつくれないんだ。金もないけど、人もいない。金も人もない。

石川　しかし、軍資金のために、武器の密輸や、たばこの密輸、また誘拐《ゆうかい》事件などを起こしているので、欧米だけではなく、イスラムの世界でも支持は得られないと思います。

フセイン　うーん、まあ、それはそうだけども……。

石川　そこは間違っていると思います。それは宗教以前の問題です。

フセイン　それはそうだけどね。まあ、北朝鮮みたいなところもあるとは思うけど……。

酒井　共産主義的、マルクス主義的に、「目的さえよければ、手段は何でもいい」というような感じですね。

フセイン　まあ、よくは分からないんだけど、「私は日本のシンパだったのに、助けてもらえなかったことは残念だ」ということは、日本国民に訴《うった》えかけておきたい。

酒井　ただ、あなたが、もしアルカイダと付き合っていたのであれば、やはり日本が支《し》援《えん》することはできないでしょう。

フセイン　だけどねえ、もし、君がイラクの大統領であったら、どう思う？

あの湾岸《わんがん》戦争のときは、クウェートなんか一週間で取れちゃったからね。もう、ほんとに無血革命みたいな感じで、簡単に取れちゃったのに、それを、（アメリカに）あれだけ皆殺《みなごろ》しにされた。そのあと大統領に再選されて続投して、民衆たちの疲弊《ひへい》した姿を見たらさあ、やっぱり、「一矢報《いっしむく》いたい」っていうのは、君、人情じゃないか。武士だったら当然だろう？　そういうふうに思うじゃないか。

石川　ただ、最終的に、あなたの政権は転覆《てんぷく》してしまったので、そこは、「やはり先見の明《めい》がなかった」と言わざるをえないと思います。

フセイン　うーん。今のイラクは、これから幸福になるのかどうか、まだ分からんからね。やっぱり、ベトナムと一緒かもしれない。

地獄《じごく》にいることがどうしても納得《なっとく》できないフセイン

酒井　ただ、武力でやるのではなく、思想とか、そういうもので……。

フセイン　それはアメリカに言ってほしいな。

酒井　アメリカもそうかもしれませんし、キリスト教にも問題はありますけど……。

フセイン　ほんとにキリスト教が正しいんだったら、イスラム教から改宗してキリスト教徒になりますよ。

酒井　その問題は、あなたと今、ここで議論する話題ではありません。

フセイン　うーん、うん。

酒井　中東のなかにも、イスラム教のなかにも、もうひとつ寛容《かんよう》な思想が入るべきではないかと思います。

フセイン　わしは、「地獄《じごく》に堕《お》ちてる」とは思っとらんけども、もし、わしがいる所が地獄だというんだったら、ムハンマドも来い！　やっぱり来なかったらおかしいわ。やつの教えを信じて、そのとおりに戦ったのに……。

酒井　ムハンマドとは、まだお会いできていないですよね。

フセイン　会ったことないよ（注。ムハンマドは八次元如来界《にょらいかい》にいる。『黄金の法』『世界紛争《ふんそう》の真実』〔共に幸福の科学出版刊〕、前掲《ぜんけい》『中東で何が起こっているのか』参照）。

酒井　それは、やはり、「ムハンマドがいるような世界には行っていない」ということです。

フセイン　もし、「わしが地獄にいる」っていうんだったら、そして、「オサマ・ビン・ラディンも地獄にいる」っていうんだったら、ムハンマドも来い。責任者だから、責任はあるよ。彼の教えに基《もと》づいて全部やってるんだから、おかしいじゃないか。

酒井　はい。では、そう叫《さけ》んでいてください。

フセイン　おお。おお。
酒井　本日はありがとうございました。
フセイン　ああ、ああ、分かりました。

11　中東に必要なのは「宗教的寛容性《かんようせい》」

アラブ圏《けん》の内部に「宗教改革者」が出現すべきだ

大川隆法　なかなか難しいですね。これは宗教家を必要とするでしょう。やはり、アラブ圏《けん》に宗教改革者が出現することが必要です。そうしなければいけませんね。しかし、アラブ圏は、宗教改革をするにしても、厳しい環境《かんきょう》下にあります。

酒井　そうですね。

大川隆法　今は、宗教改革者が出てもすぐに殺される環境なので、こちらにも、中国と同じように、「思想・言論・信教の自由」が必要です。まず、政治改革をしない限り、宗教改革はさせてもらえないですね。宗教改革者が出ても、皆殺《みなごろ》しでしょう。何度出ても絶対に殺すだろうと思います。

政治改革という意味では、内部で革命が起きる場合もありますが、もう一つは、「外からの革命」として、「戦争」があるわけです。つまり、戦争で負けることは、今までのやり方を変えられるチャンスではあるんですよね。

まあ、気の毒であったとは思いますが、イラクは、二度の戦争の敗北を契機《けいき》にして、やはり、やり方を変えるべきです。これを一つの革命と思って、新しい国家づくりに励《はげ》まれるとよいのではないでしょうか。

そして、その国家を、イスラエルと戦争しなくてもよい国家にしたらよろしいと思います。お互《たが》いに「宗教的寛容性《かんようせい》」のところが足りないために戦うので、もう少し宗教的寛容性を入れるべきです。

フセインは、「ムハンマドの教えを学んで、地獄《じごく》に堕《お》ちているのだったら許せん」と言っていましたが、ムハンマド自身は、キリスト教を認めていたのです。現代の人たちが認めないのは頑《かたく》なだからです。

石川　例えば、ハールーン・アッラシード（アッバース朝第五代カリフ）が、キリスト教の教会を全部壊《こわ》していったりするなど、どうしても、弟子《でし》が狭《せま》くしていきます。

大川隆法　ただ、キリスト教も、人のことは言えませんけれどもね。ローマ法王も、「キリスト教以外では救われない。キリストを通してのみ天国に行ける。異教徒は、全員地獄に堕ちている」と言っているので、同じです。

戦争の原因は、宗教家の解釈《かいしゃく》であって、それは、千年単位以上の歴史があることですからね。

キリスト教でも、「仏陀《ぶっだ》もムハンマドも、みな地獄へ堕ちている」と言っているわけですから、ブッシュ元大統領が「イスラム教は悪魔《あくま》の教えだ」と言うことにもしかたがないところはあります。昔の人が、「キリスト教以外では天国に行けない」と教えているんですからね。

石川　やはり、背景には、「キリスト教とイスラム教の対立」があると思うのですが、どちらにも最終的解決がないので、今、「新しい思想」が求められているのかと思います。

大川隆法　少なくとも、これを解決するには、やはり当会が行っていることがよいのではないでしょうか。幸福の科学の教えを世界宗教化して広げ、この教えを受けた人たちが、イスラム圏のなかで、内部の思想改革、言論改革、宗教改革、政治改革などを推《お》し進めていくことが望ましいでしょう。やはり、最終的には、なかの人が行うべきだと思います。

ただ、そのもとになるものとして、「種」が要《い》ります。毛沢東《もうたくとう》主義やマルクス主義で改革しようとしたら、また絶対に失敗に終わるので、当会の思想を入れて、内部で改革を起こしていくことが大事です。当会は、そういう大きな仕事をやっているのではないでしょうか。

オサマ・ビン・ラディンも、サダム・フセインも、彼らの世界ではインテリなのでしょうが、積み重なった伝統や文化のなかには、間違《まちが》いのもとがそうとうあるので、これを学んだだけでは変えられません。

フセインは、「アメリカと戦って、もし神の声が聞こえたら、ムハンマドのようになるかもしれない」と言われていたようで、「コーラン」が降りてくるのを待っていた感じだったのではないでしょうか。「夢に見る」などと言っていたようですから、もう少しだったのかもしれませんが、そうはならなかったようです。

どの宗教においても「原理主義」は怖《こわ》いもの

石川　あとは、ホメイニのところで逆流したのかなと思います。

大川隆法　あれも調べなければいけないかもしれません。ホメイニにも、少し問題がありますね。

石川　パーレビによって、近代化がもう少しうまくいっていたら、違う未来が開けたのかもしれません。

大川隆法　少し逆戻《もど》りをして、もとの厳格なイスラム主義に戻ってしまったわけですよね。「原理主義」というのは、どの宗教においても怖《こわ》いものです。キリスト教でもイスラム教でも怖いのですが、仏教でも怖いのです。

例えば、オウム教は、「サリンを使った単なるテロ集団である」という見方をされていますが、オウム教のなかには、仏教の原理主義的なものもあることはあるのです。

要するに、釈迦《しゃか》の言った言葉を、突《つ》き詰《つ》めて、シンプル化すれば、「この世は悪魔の支配している社会であり、物質への執着《しゅうちゃく》は一切《いっさい》悪である。だから、〝ポア〟してやること、すなわち、殺してやることが正しい」というように見えなくもありません。

もちろん、釈迦は、そういう人ではなく、それは、この世をはかなんで言った言葉ではあるのですが、それを原理主義的に解釈して、「物質的に繁栄《はんえい》している人たちは、この世に執着している人たちだから、この世のはかなさを教えてやらなければならない。あの世へ送ってやる」というところまで行《い》った可能性はありえます。

その意味では、過激派になっている部分が、よく似ているかもしれません。インテリが多かったところもそうですね。

やはり、宗教改革が大本《おおもと》になければ、世界は変えられません。だから、基本的には、当会が説いていることを学んでいただくことが大事だと思います。

フセインさんについては残念ですが、軍神《ぐんしん》ならば、地獄へ堕ちることもよくあるでしょう。しかたがないので、しばらく頑張《がんば》ってください。そのうち、世の中も変わるでしょうから、変わったら、上がれることもあるかもしれません。

「彼には、少し思想的に足りないところがあった」ということですね。

それでは、以上にしましょう。

酒井　はい。どうもありがとうございました。

あとがき

一国の大統領ともあろうものが、イラクのティクリート郊外の穴に隠れているところを米軍に捕らえられた。彼が裁判にかけられ、処刑されていく姿に、大国と小国の力関係が「正義」とは何かに影響するのではないか、と感じた人も多かったのではないか。フセイン元大統領から見れば、ブッシュ元大統領こそ、悪鬼《あっき》の如き侵略者に見えたであろうから。

サダム・フセインの最後を見れば、昭和天皇が「私はどうなってもよいから、国民を救ってほしい。」とマッカーサーの前に姿を現した事実に、「徳」の存在を感じ、マッカーサーをして、「私は神を見た」と言わしめたのもうなずける。

日本とも過去に縁のあったというフセイン元大統領が、成仏することを祈りつつも、暗雲垂《た》れこめる中東の未来に、「幸いあれかし」と願わずにはいられない。

二〇一三年　二月二十二日

幸福《こうふく》の科学《かがく》グループ創始者兼総裁《そうししゃけんそうさい》　大川隆法《おおかわりゅうほう》

『イラク戦争は正しかったか』大川隆法著作関連書籍

『黄金の法』（幸福の科学出版刊）
『イスラム過激派に正義はあるのか
――オサマ・ビン・ラディンの霊言に挑む――』（同右）
『国家社会主義とは何か』（同右）
『中東で何が起こっているのか』（同右）
『世界紛争の真実』（同右）

イラク戦争《せんそう》は正《ただ》しかったか
――サダム・フセインの死後を霊査する――

2013年3月8日　初版第1刷

著　者　大《おお》　川《かわ》　隆《りゅう》　法《ほう》

発行所　幸福の科学出版株式会社
〒107-0052 東京都港区赤坂2丁目10番14号
TEL(03)5573-7700
http://www.irhpress.co.jp/

印刷・製本　株式会社 堀内印刷所

落丁・乱丁本はおとりかえいたします

ISBN978-4-86395-313-0 C0030
Photo: AP/アフロ

大川隆法 ベストセラーズ・中国・北朝鮮の野望を見抜く

周恩来の予言

新中華帝国の隠れたる神

北朝鮮のミサイル問題の背後には、中国の思惑があった！ 現代中国を霊界から指導する周恩来が語った、戦慄の世界覇権戦略とは!?

1,400 円

中国と習近平に未来はあるか

反日デモの謎を解く

「反日デモ」も、「反原発・沖縄基地問題」も中国が仕組んだ日本占領への布石だった。緊迫する日中関係の未来を習近平氏守護霊に問う。　【幸福実現党刊】

1,400 円

北朝鮮の未来透視に挑戦する

エドガー・ケイシー リーディング

「第２次朝鮮戦争」勃発か!? 核保有国となった北朝鮮と、その挑発に乗った韓国が激突。地獄に堕ちた“建国の父”金日成の霊言も同時収録。

1,400 円

中国「秘密軍事基地」の遠隔透視

中国人民解放軍の最高機密に迫る

人類最高の霊能力が未知の世界の実態を透視する第二弾！ アメリカ政府も把握できていない中国軍のトップ・シークレットに迫る。

1,500 円

大川隆法ベストセラーズ・国難を打破する

政治と宗教の大統合

今こそ、「新しい国づくり」を

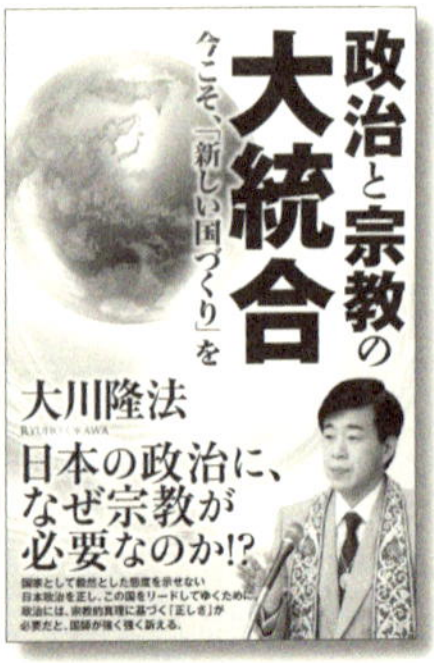

国家の危機が迫るなか、全国民に向けて、日本人の精神構造を変える「根本的な国づくり」の必要性を訴える書。

1,800円

国を守る宗教の力

この国に正論と正義を

３年前から国防と経済の危機を警告してきた国師が、迷走する日本を一喝！　国難を打破し、日本を復活させる正論を訴える。

【幸福実現党刊】

1,500円

平和への決断

国防なくして繁栄なし

軍備拡張を続ける中国。財政赤字に苦しみ、アジアから退いていくアメリカ。世界の潮流が変わる今、日本人が「決断」すべきこととは。

【幸福実現党刊】

1,500円

※表示価格は本体価格（税別）です。

大川隆法 ベストセラーズ・希望の未来を切り拓く

未来の法

新たなる地球世紀へ

序　章　勝利への道
　　　　――「思いの力」に目覚めよ
第１章　成功学入門
　　　　――理想を実現するための考え方
第２章　心が折れてたまるか
　　　　――「強い心」を発見すれば未来が変わる
第３章　積極的に生きる
　　　　――失敗を恐れず、チャレンジし続けよう
第４章　未来を創る力
　　　　――新しい時代を切り拓くために
第５章　希望の復活
　　　　――さらなる未来の発展を目指して

2,000円

法シリーズ
19作目

暗い世相に負けるな！　悲観的な自己像に縛られるな！　心に眠る「無限のパワー」に目覚めよ！　人類の未来を拓く鍵は、私たち一人ひとりの心のなかにある。

教育の使命

世界をリードする人材の輩出を

わかりやすい切り口で、幸福の科学の教育思想が語られた一書。イジメ問題や、教育荒廃に対する最終的な答えが、ここにある。

1,800円

幸福の科学出版

幸福の科学グループのご案内

宗教、教育、政治、出版などの活動を通じて、地球的ユートピアの実現を目指しています。

宗教法人　幸福の科学

一九八六年に立宗。一九九一年に宗教法人格を取得。信仰の対象は、地球系霊団の最高大霊、主エル・カンターレ。世界百カ国以上の国々に信者を持ち、全人類救済という尊い使命のもと、信者は、「愛」と「悟り」と「ユートピア建設」の教えの実践、伝道に励んでいます。

（二〇一三年二月現在）

愛

幸福の科学の「愛」とは、与える愛です。これは、仏教の慈悲《じひ》や布施《ふせ》の精神と同じことです。信者は、仏法真理をお伝えすることを通して、多くの方に幸福な人生を送っていただくための活動に励んでいます。

悟り

「悟り」とは、自らが仏の子であることを知るということです。教学《きょうがく》や精神統一によって心を磨き、智慧《ちえ》を得て悩みを解決すると共に、天使・菩薩《ぼさつ》の境地を目指し、より多くの人を救える力を身につけていきます。

ユートピア建設

私たち人間は、地上に理想世界を建設するという尊い使命を持って生まれてきています。社会の悪を押しとどめ、善を推し進めるために、信者はさまざまな活動に積極的に参加しています。

国内外の世界で貧困や災害、心の病で苦しんでいる人々に対しては、現地メンバーや支援団体と連携して、物心両面に渡り、あらゆる手段で手を差し伸べています。

年間約３万人の自殺者を減らすため、全国各地で街頭キャンペーンを展開しています。

公式サイト www.withyou-hs.net

ヘレン・ケラーを理想として活動する、ハンディキャップを持つ方とボランティアの会です。視聴覚障害者、肢体不自由な方々に仏法真理を学んでいただくための、さまざまなサポートをしています。

公式サイト www.helen-hs.net

INFORMATION

お近くの精舎・支部・拠点など、お問い合わせは、こちらまで！

幸福の科学サービスセンター

TEL. 03-5793-1727（受付時間 火〜金：10〜20時／土・日：10〜18時）

幸福の科学 公式サイト happy-science.jp

政治

幸福実現党

内《ない》憂《ゆう》外《がい》患《かん》の国難に立ち向かうべく、二〇〇九年五月に幸福実現党を立党しました。創立者である大川隆法党総裁の精神的指導のもと、宗教だけでは解決できない問題に取り組み、幸福を具体化するための力になっています。

党員の機関紙
「幸福実現News」

TEL 03-6441-0754
公式サイト hr-party.jp

出版メディア事業

幸福の科学出版

大川隆法総裁の仏法真理の書を中心に、ビジネス、自己啓発、小説など、さまざまなジャンルの書籍・雑誌を出版しています。他にも、映画事業、文学・学術発展のための振興事業、テレビ・ラジオ番組の提供など、幸福の科学文化を広げる事業を行っています。

TEL 03-5573-7700
公式サイト irhpress.co.jpirhpress.co.jp

入会のご案内

あなたも、幸福の科学に集い、
ほんとうの幸福を
見つけてみませんか？

幸福の科学では、大川隆法総裁が説く仏法真理をもとに、
「どうすれば幸福になれるのか、また、
他の人を幸福にできるのか」を学び、実践しています。

入会

大川隆法総裁の教えを信じ、学ぼうとする方なら、どなたでも入会できます。入会された方には、『入会版「正心法語」』が授与されます。（入会の奉納は1,000円目安です）

ネットでも**入会**
できます。詳しくは、
下記URLへ。
happy-science.jp/joinus

三帰《さんき》誓願《せいがん》

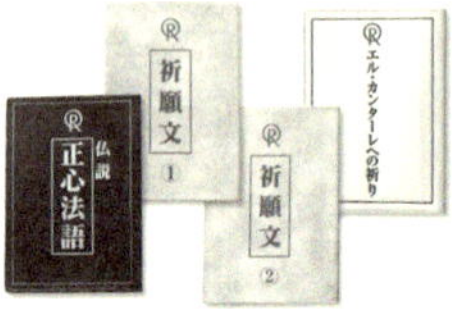

仏弟子としてさらに信仰を深めたい方は、仏・法・僧の三宝への帰依を誓う「三帰誓願式」を受けることができます。三帰誓願者には、『仏説・正心法語』『祈願文①』『祈願文②』『エル・カンターレへの祈り』が授与されます。

植福《しょくふく》の会

植福は、ユートピア建設のために、自分の富を差し出す尊い布施の行為です。布施の機会として、毎月1口1,000円からお申込みいただける、「植福の会」がございます。

「植福の会」に参加された方のうちご希望の方には、幸福の科学の小冊子（毎月1回）をお送りいたします。
詳しくは、下記の電話番号までお問い合わせください。

月刊
「幸福の科学」

ザ・伝道

ヤング・ブッダ

ヘルメス・
エンゼルズ

INFORMATION	**幸福の科学サービスセンター** **TEL. 03-5793-1727**（受付時間 火～金：10～20時／土・日：10～18時） 宗教法人 幸福の科学 公式サイト **happy-science.jp**